U0142599

正義

教師手冊

Teacher's guide

Learning About Justice

Center for Civic Education　原著

財團法人民間公民與法治教育基金會　策劃出版

國家圖書館出版品預行編目資料

正義：教師手冊 / Center for Civic Education原
著；郭家琪譯. -- 初版. -- 臺北市：民間公民與
法治教育基金會, 五南, 2014.1
　　面；　　公分
譯自：Learning About Justice Teacher's
　　　guide
ISBN　978-986-89947-1-3（平裝）

1. 公民教育　2. 民主教育　3. 社會正義

528.3　　　　　　　　　　102024174

民主基礎系列《教師手冊》——正義

原著書名：Learning About Justice Teacher's guide
著 作 人：Center for Civic Education（http://www.civiced.org/）
譯　　者：郭家琪
策　　劃：林佳範
本書總編輯：李岳霖、黃啟倫
董 事 長：張廼良
出 版 者：財團法人民間公民與法治教育基金會
編輯委員：陳秋儀、李翠蘭、朱惠美、許珍珍
責任編輯：許珍珍
地　　址：104台北市松江路100巷4號5樓
電　　話：（02）2521-4258
傳　　真：（02）2521-4245
網　　址：www.lre.org.tw

合作出版：五南圖書出版股份有限公司
發 行 人：楊榮川
地　　址：106台北市大安區和平東路二段339號4樓
電　　話：（02）2705-5066（代表號）
傳　　真：（02）2706-6100
劃　　撥：0106895-3

版　　刷：2014年1月初版一刷
定　　價：100元

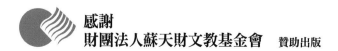
感謝
財團法人蘇天財文教基金會　贊助出版

前言

有效的公民教育課程的特徵

有效的公民教育方案，因為至少四項特徵，而顯得與眾不同：

- **學生彼此間，有大量互動。**強調學生間互動和合作學習的教學策略，對於培養公民參與技巧和負責任的公民至為關鍵。這類教學策略的例子，包括小組合作、模仿、角色扮演和模擬法庭等活動。
- **內容需具現實性，且能平衡地處理議題。**現實地與公平地處理議題，是有效的公民教育的必要元素；針對爭議的各個層面，進行批判性的思考，亦同樣不可或缺。假如上課時，我國的法律和政治體系被描述得彷彿完美無缺，學生會懷疑，教師說話的可信度，和課本內容的實際性。相反的，如果課文只列出這兩個體系失敗的例子，則會導致學生不大相信這兩個體系可用於維持社會的秩序和公平。該尊重法律和政治體系？還是針對特定案例中體系的適用情況提出建設性的批評？兩者間應該取得平衡。
- **運用社區資源人士，參與課程進行。**讓學生有機會和實際工作於法律和政治體系內的各種成人角色典範，進行互動，能使上課的效果更好更真實；有關培養學生，對於法律和政治體系的正面態度，亦有很大的影響力。在課堂之中善用專業人士的參與（如：律師、法官、警察、立法者等等），能有效提升學生對公共議題的興趣，使得學生對教師和學校的課程有正面的回應。
- **校長和其他學校行政主管，對公民教育堅決的支持。**要在校內成功推行公民教育，必須得到學校主管的強烈支持，尤其是學校的校長。學校主管採支持的態度，有助於公民教育的實施，他們可以安排活動，讓同儕之間能夠相互激勵、獎勵有傑出表現的教師，協助教師對校外人士說明教育計畫的內容，和制訂這些計畫的根據，以及提供相關人員在職訓練的機會，以取得實踐公民教育計畫，所需的知識和技能。此外，要成功施行公民教育，教師們對此持正面態度是非常重要的。

成功的公民教育方案會引導學生積極參與學習過程，以高度尊重學生作為一個獨立個體的方式來進行。反思、省思和論述會被重視，且有計畫地達成。知識和人格的培養是同時並進的，而在我國的憲政民主體制內，此二者對於培育出負責任的公民同樣重要。我們在規劃時，即致力於將上述重要特點，納入民主基礎系列課程中。

前言

課程理念

規劃這個民主基礎系列課程,是基於一項根本假設,亦即教育能讓人更能也更有意願表現出知書達禮、認真負責的行為。因此,教育機構必須扮演協助學生的角色,讓他們更懂得為自己做出明智的選擇,學習如何思考,而非該思考些什麼。在自由的社會中,灌輸式的教育方式並不適合教育機構採用。

成立組織來推動公民教育,是基於一種信念,亦即以上述觀念為基礎的課程所提供的學習經驗,有助於幫助學生,使他們願意理性而全心地投身落實各項原則、程序和價值觀,而這些正是維繫及提升自由社會所必需。

課程目標

民主基礎系列課程的目標是:

■ 促進對於憲政民主制度及這些制度據以建立的基本原則和價值觀的了解
■ 幫助青少年培養成為有效能而能負責的公民所需的技能
■ 增加對於做決定和處理衝突時,能運用民主程序的認識與意願,不論其是在公或私的生活中

藉由研讀民主基礎系列課程,學生能發展出辨識,與需要採取社會行動問題的能力。他們會被鼓勵透過具知識性的問題探究,而能接受隨著享受公民權利而來的責任;一個建基於正義、公平、自由和人權理想的社會,是否得以存續,這些責任即是關鍵所在。

課程架構

「民主基礎系列」課程不同於傳統式教材,焦點並非放在事實、日期、人物和事件。相反地,它是放在了解憲政民主制度極為重要的觀念、價值和原則。這套課程,以四個概念為中心:權威、隱私、責任及正義。這些概念構成了公民價值和思想的共

同核心的一部分，是民主公民資質理論與實踐的基礎。這些概念並不連續或彼此互不相連，且有時會相互牴觸。這些概念可以有許多不同的解釋，就像所有真正重要的觀念一樣。

教師可以在課堂上，講授民主基礎系列課程全部的內容，也可以選擇與學校或地區一般課程目標和學習成果有關的相關課程來傳授。教導這些概念，毋須按照任何特定順序，然而，假如你選定其中的某一課來教授，頂多只能完成該課之目標，而無法達到整個單元或概念的目標。以下簡述「權威」、「隱私」、「責任」、「正義」四個概念。

 權威

學生要學習權力和權威的關係，透過研究各種缺乏權威或濫用權威的狀況，對權威這個觀念有通盤的了解，並能明智又有效率的檢視各種用來處理這些狀況的方法。

學生需要知識和技巧才能對與權威職位相關問題做出正確合宜的決定，也需要知識和技巧去處理關於評估或制定法律和規則的狀況。

學生會透過每一項練習活動，學到權威對個人或社會全體都有利益或不利益之處。大家必須知道權威的利益和代價，才能明智的決定權威應有的範圍和限制。

學生也要練習為某個特定的權威職位設定權力範圍和限制，知道運用權威是為了提升效率，但卻不能有壓迫性。

 隱私

學生要學習為隱私下定義，了解隱私的重要性，並在不同的狀況下辨識並說明常見的隱私事項。他們會學到造成不同的個人隱私行為的各種原因或要素。

學生會了解每一次我們維持隱私的時候一定會產生一些結果，有些結果對我們有益處，有些則是我們必須付出的代價。學生也會學到在特定的情況中是否應該保護隱

私，每個人的看法可能都不同。

學生還會學到身為公民，在面對隱私的範圍和限制的問題時，必須考量的重要議題。

責任

學生會學到對個人和社會負責任的重要性，檢視責任的來源以及負責任或不負責任可能產生的結果。

一旦有人承擔責任，就會產生結果，有些結果是益處，有些結果則必須付出代價。學生會學到分辨結果的利益和代價很重要，才能決定哪一項責任更為重要，必須優先承擔。

學生還要學習在面對無法同時兼顧的責任、價值和利益時，如何能明智的決定要選擇承擔哪一項責任，或是在特定狀況中要追求哪一項價值或利益。

學生也會學習在特定的時間內或狀況中，評估誰該負責任、誰該受到表揚或責備，並採取立場。

正義

學生要學習正義可以分成三大類：分配正義、匡正正義和程序正義。並練習用這三類項目來辨認正義的議題。

學生要了解在一群人或團體裡公平的分配利益或負擔的重要性，其中利益可能包括工作的報酬、發言或投票的權利；負擔則可能包括一些義務，像做家事或做功課。

學生要認識匡正正義是公平或適當的回應錯誤或傷害並做決定。

學生還要學習認識程序正義的問題，了解用公平的方法來蒐集資訊和做決定的重

要性。

「民主基礎系列」課程的本質屬於觀念性的教學，因而必須回歸到學生的日常生活。這套課程最獨特的地方，是可以幫助學生對照自己的生活經驗與外在社會及政治生活的關係。

需要整合社會研究和語言藝術也是這項課程的設計目的之一。

✪ 故事本格式

故事本是四本繪本，教師在讀這些故事給幼兒或尚未能閱讀的兒童聽時，孩子們可以看書中的圖畫說明。故事書的大小正好適合孩子們在教師的指示下自然翻閱。

每一本故事書分成四個篇章，每一章強調主題觀念的一個部分，並要求用批判性的思考來解決問題。各部分需要討論的重點分別用符號標示在頁面的邊緣，提醒教師們在這些地方停下來，讓學生就故事中提出的問題或狀況進行討論。這些問題往往沒有一定的解答，教學策略是要讓學生提出自己的解決方案，不要受到故事內容的影響。同時也希望學生能將這些觀念回應到日常的生活經驗中，運用所學在新的狀況裡。

每本學習手冊都有四個部分討論和回顧故事本的內容，在這些章節中，教師必須對照使用故事本和學習手冊，學習手冊中會重複引用故事本中的對話和圖片，讓教師和學生都更方便參照。

✪ 學習手冊格式

「民主基礎系列」每一主題的學習手冊有六至七課，第一課是定義，其中做為教學設計的插圖能讓孩童對提到的情境更熟悉，刺激大家對重要觀念和相關議題有更多的討論。

有些課程是屬於全班參與的活動演練，由學生進行角色扮演來解決相關的問題，並練習評估、採取立場，進而為所持的立場辯護。

前言

每一課開始都是「本課會學到的概念」，簡短介紹在這一課要努力完成的內容大綱。

「本課詞彙」是一課中要討論的關鍵理念和相關名詞，名詞的定義則列在本手冊中。

「重要觀念」是為了協助了解課文提出來的狀況所需的觀念。

「解決問題」是要讓學生練習批判性的思考。學生分成小組運用所學的觀念，來分析和家庭、學校和社區相關的假設性問題。

「閱讀、回顧和討論」部分要回到故事本的內容，回顧故事的細節進行討論並處理問題。

「展示學習成果」屬於評估性的活動，讓學生有機會展現學到的技巧。大多數課程最後有「課後活動」，提供更多演練的機會。這些活動可以成為學生個人的工作或回家作業的專題，也提供教師更多評量學習成果的機會。

教師指導手冊格式

課程章節

教師手冊是要補充和延展學習手冊的內容，每一課開始都是「課程概述」，說明這一課的整體目標。接著是從行為的概念列出「課程目標」的各個項目，期待學生上完這一課後有能力做到的各個事項。這些教材可以逐步累積學生的觀念，所以並不要求學生精熟每個步驟。

課程目標的後面是「課前準備／所需教材」，這部分的內容會點明學習手冊和這部分相對應的頁碼，並建議在教學時需要先作哪些準備或哪些材料。接下來便是關於課程和這一課主題相關的更多資訊介紹、問題討論和學生作業的答案。

附錄

思考工具表格、主角人物圖案和面具的原稿樣張都在本手冊後面的附錄中。

◊ 教學策略

以下是使用「民主基礎系列」教材學生學習手冊的教學建議：

運用思考工具分析問題

每個人或機關團體，都會遭遇難以分析或解決的問題，在民主基礎系列課程中，學生們也會遇到各種難題。這套課程在每個主題概念的不同單元中，都提供一套分析的架構，或說「思考工具」，協助學生得以用批判的角度來思考，以理性而負責的態度，面對重要的問題。「思考工具」是指一組一系列的問題，可用來檢視權威、隱私、責任和正義等概念的問題，帶領學生做出相關決定。

要了解為什麼在分析權威、隱私、責任和正義等主題時，需要各種思考工具，以及這些工具有什麼功用，只要看看思考工具在其他研究領域的應用情況，就能清楚明白：想像考古學家走遍千山萬水，尋找古代村莊遺跡，因為他們的腦中滿載知識和技能，包括事實、想法、假設和問題，以致於讓他們能夠注意並理解，未受訓練的外行人不會注意到或無法了解的事物。

對於同樣的遺址，外行人可能是無意識地踏過而已，而經過專業訓練的考古學家則會因為擁有專業知識，而能馬上分辨出當地是否曾經有人類居住過的痕跡，或是在歷史上有什麼重大的影響。然後考古學家會利用他們的知識和思考工具，有系統地蒐集和處理資訊，以得到對過去更深的了解。

在其他領域中受過訓練，而懂得運用思考工具的人們也是如此。不管在哪個領域，要能理解某些事物、達成某些目標或做出明智判斷、決定該如何行動，受過訓練的人總是比未受訓練的人占優勢。無論是技術純熟的木匠、電視製作人、政治學者、法官或太空人，都是如此。

而且這套課程的思考工具，並不是一成不變，每套問題組，會依照要處理的概念問題，種類不同，而各有差異。比方說，我們不會用處理權威問題的分析策略，來探討正義的問題。

前言

透過主動學習策略的運用，這套課程的思考工具能發揮更大的作用，學生們更能藉此發展出必須的個人和團體互動技巧，在民主社會中有良好的社會和政治參與。訓練學生應用思考工具，是「民主基礎系列」課程的獨到之處，學生們一旦學會使用思考工具，將一生受用無窮，以後在面臨抉擇時就能一再加以運用。

進行班級討論

「民主基礎系列」——權威、隱私、責任和正義這四個概念自古至今不斷受到爭議、討論、評估和再評估；而有效的公民教育包括呈現和討論具爭議性的題材，這正是學生和教師都會對這套課程感興趣的原因。經由討論的過程，學生們能學到知識和決策技巧，並獲得處理紛爭的經驗和致力於當個好公民的決心。

為了確保授課教師和學生們都能因這個課程的學習經驗而得到啟發、獲得益處，在針對具爭議性的議題，和當代社會常發生的事件進行班級討論時能夠順利，授課教師可以參考下列建議：

強調爭議、妥協和共識是正常的，這些是民主社會的必備條件。

■ 嘗試以具體的方式說明爭議的核心。請學生們想想他們自身遇過的類似問題和困境。
■ 描述過去的例子，讓學生了解過去類似的衝突是如何處理的。承認當時我們並沒有像今天一樣，堅持民主法治社會的理想和原則。探討各個時期對這些概念的詮釋和應用，能幫助學生們了解民主憲政體制的流動性，以及一個公民在協助整個社會能進一步達成國家目標上所扮演的角色。
■ 強調各種觀點的合理性，鼓勵學生們以公正的態度檢視及介紹相衝突的觀點。教師必須提出學生們可能忽略的相對意見。
■ 讓學生們將注意力集中在討論或處理觀念或立場上，而非個人的身上。提醒並強調在許多具爭議性的議題上，不同立場的人提出的意見可能差異甚大。鼓勵學生們在不同意多數意見時提出異議，即使他們是唯一持反對態度的人，亦應勇於表達自己的意見。
■ 協助學生們找出特定的贊同或反對的論點，然後找出可能的折衷方案，並認明不可能妥協的事情。對學生強調他們針對某個議題所達成的結論或決定，結論如何的重要性，遠比不上整個討論到做出決定的過程，在過程中，不僅能夠做出合理決定，同時也學習尊重他人意見，並以理性的態度說明最後結果。
■ 藉由評估所提出的論點，和探討其他各種建議的可能結果，來為活動或討論做總結。總結

若要發揮效果，還需要由教師和學生共同評估整個進行討論、準備小組活動或呈現班級活動的過程。

　　班級討論和意見分享是這些活動的關鍵；在活動開始進行前，授課教師可以訂些討論的基本規則，例如：

■ 在表達自己的想法之前，要準備好能說明清楚自己的想法與辯護。
■ 抱持有禮而尊敬的態度傾聽他人意見，教師可能會請你告訴大家除了你自己的意見之外，你最欣賞誰的看法。
■ 每個人都會有機會說話，但一次只能有一個人說話。
■ 爭辯的時候不要針對個人，而應將重點放在理由和想法上。
■ 無論何時你都可以改變自己的想法，只要準備好與大家分享你這麼做的原因。

運用有效的問答策略

　　問與答，是這套課程非常重要的一項特徵，有效運用問題是學習過程的關鍵，因此在課程設計時，需要詳細規劃。雖然有些問題，可用以釐清學生們究竟學到了多少知識，但是採用問答策略的主要目標，應該是幫助學生增強他們的能力，讓他們能做出明智且負責的決定。教師選擇的問答策略，必須要能引導學生們去分析情況，並將概念加以綜合和評估，使學生們在未來的生活中，都能運用在活動中所學到的技能。

　　大體而言，在規劃如何進行班級討論時，必須考量六種問題，以下簡單介紹這六種問題並加以舉例：

■ **知識方面的問題**
　　這類問題與回想特定事實或資訊有關。例如：正義的問題可分為哪三種？
■ **理解方面的問題**
　　這類問題是關於是否有能力了解各種概念的意義，請學生將概念換句話說或加以詮釋，即可知道答案。例如：畫圖說明有人盡到了某個責任，並說明這項責任的來源。
■ **應用方面的問題**
　　這類問題是關於是否有能力，在遭遇新狀況時運用所學。例如：以自身經驗為例，這些概念可以應用在哪些地方？未來可以如何運用這套步驟來解決紛爭？

■ 分析方面的問題

這類問題關係到有沒有能力，將概念加以分析，包括找出其構成要素，並建立要素和要素間的關係。例如：在這種情況下，保有隱私會有什麼結果？哪些結果是帶來益處？哪些則會付出代價？

■ 綜合方面的問題

這類問題關係到有沒有能力，將所有要素統合成為新的整體，重點在於創造新的思維模式。例如：為什麼校長需要更多的權威呢？

■ 評估方面的問題

這類問題關係到能不能為了某個目的，去判斷各種事物的價值；這意味可能要在相衝突的責任間做抉擇，或判斷某法規是否符合好的規定的標準。例如：在決定誰要因為這個事件獲得獎勵時，這些步驟能有什麼幫助？

在設計問題時，要注意不要讓學生只會聽教師說話和回應教師，變成教師與個別學生的互動，而要讓學生之間也能有這樣的互動。只要藉由以下方式，鼓勵學生主動參與，就可以增進學生之間的橫向互動：

■ 提出問題後，請學生兩人一組討論問題的答案。

■ 要求學生說明他們的答案，這不但對他們自己有利，也能加惠其他人。

■ 要求學生提供額外的論據、資訊、觀點等，將自己或其他學生的答案加以延伸。

■ 請學生依照剛才課堂上過的內容，自己設計一些問題。

■ 在提出問題後暫停至少七秒，給學生思考的時間。

■ 假如學生的答案很短或很瑣碎，請他們針對答案提供進一步的說明。

■ 每個問題都要請至少兩位學生來回答。

■ 鼓勵學生對其他學生的答案有所回應。

■ 除了讓自願者回答問題，也要請不會主動舉手的人來回答。

鼓勵小組互動式學習

學習手冊中的批判性思考活動，都是以合作式的小組演練來進行，讓學生以小團體的方式來演練，每位學生都必須積極參與，才能成功的達成課程目標。教師應該鼓勵學生，不僅致力於學術表現，也要培養並運用適當的人際關係技巧。

教師在規劃和進行的分組演練時，會面臨許多重要的考量，其中之一就是團體的

成員人數，了解不同的探究主題需求，有助於決定在上這一課時，一組應有多少位學生最恰當。

威爾頓（David A. Welton）和馬倫（John T. Mallan）在他們所合著的《孩童和他們的世界：社會科的小學教學》（Children and Their World: Teaching Elementary Social Studies, Fourth Edition, Houghton-Mifflin, 1991）一書中，提到不同大小的團體會產生的一般性行為特徵：

■ **兩人一組**：資訊高度交流並能避免意見不一，是兩人一組的兩項特徵。然而，萬一兩人意見始終不一致，就會產生僵局，因為小組中沒有任何一方，可以獲得第三者的支持。
■ **三人一組**：三人一組的特徵是多數（兩個人）的勢力壓過只有一人的少數。不過，這種小組結構其實是最穩定的，只會偶爾有些兩人聯盟換人的情況。
■ **偶數小組**：小組的人數如果是偶數，在碰到小組內意見相左的兩方人數相同時，容易形成僵局。
■ **五人小組**：學習效果最令人滿意的似乎是五人小組，團體內流動很容易。如果分裂成兩人對三人的局面，即使是屬於少數的意見也有人支持。五人小組的規模，讓組員可以相互激勵，同時又有益於個別的參與。
■ **超過五人的小組**：隨著小組規模擴大，小組整體的能力、專門知識和技能也會加強，但許多方面的困難度也會增加，包括讓所有組員專注於工作、確保每個人都有發言機會和協調小組行動。

教師們在規劃和執行合作式團體學習時，所面臨的另一項考量，是要讓學生自己選擇組員，還是要由教師分組。強森（David W. Johnson）等人著作的《學習圈：教室內的合作關係》（Circles of Learning: Cooperation in the Classroom）一書，於1984年由「督導與課程發展協會」（Association for Supervision and Curriculum Development）出版，書中描述分組特徵如下：

■ 學生自選的小組通常組員的同質性高，成績好的學生會選擇其他成績好的學生組成一組，男生和男生一組，女生和女生一組，不同文化背景的學生則選擇和自己背景類似的人一組。
■ 相較於教師所分配的小組，學生自選的小組，通常較無法專注於教師指派的任務。
■ 在討論時，異質性較高的小組，似乎會有比較多的創造性思考，組員間較常相互說

明，也比較能容納不同的觀點。

有個方法能有效改進學生自選小組的缺點，那就是請學生列出他們想和哪三個人同組，然後將學生與他們所選的其中一人分派到同一組，其他組員則由教師指定。採用這種方式時，要注意可能有些學生沒有人想和他們同組，教師應該仔細考量要如何為這些學生建構一個支持性的學習環境。

分組時也可以考慮用報數的方式，隨機分配學生組成小組。比方說，若班上有三十位學生，每五人要分成一組，共分成六組，可以要求學生輪流報數，從一數到六。然後，讓報「一」的人組成一組，報「二」的人一組，以此類推。一旦分好組，就盡量讓各組保持原樣一段時間，而不要在進行下一項活動時，又重新分組。

以下是在課堂上進行小組活動時，可以參考的一些建議：

■ 確定學生有進行活動所必須的技巧和能力，假如學生沒有這些必備的技能，教師很快就會發現，因為學生維持專注的時間不會太久。
■ 給予學生完成工作的明確指引，在活動期間，確定學生了解要進行的步驟或程序。
■ 給學生充分時間完成指派的任務，對於比其他組早完成工作的組別，教師要發揮創意，想些有建設性的任務，讓他們不會無事可做。
■ 處理活動流程時要清楚明確，假如各組必須派出代表向班上同學報告他們的工作成果，那就要確保有時間讓各組安排推選代表。
■ 教師的評估策略會影響學生的小組活動，教師應多對各組學生的努力，予以鼓勵及獎勵。
■ 監督各組的工作，以指導者的身分引導學生。

善用社會專業人士

讓擁有經驗或專業的社會人士參與課程進行，能大幅增加及拓展學生對民主基礎系列課程中，相關概念的理解。社會專業人士的助益，可分為下列幾方面：

■ 藉由分享實際經驗及相關的概念應用，結合課程與現實。
■ 協助課堂上活動的進行，如：模擬法庭、模擬立法公聽會和社區會議等角色扮演活動。
■ 在學生參觀法院和立法機構等場所時，負責擔任嚮導及回答問題，豐富學生的觀摩

經驗。

■ 與某位專業人士建立長久的關係，如此在課堂上遇到相關問題或有疑惑時，就可以向這位專業人士聯繫請益。

哪些人可以擔任這種專業人士的角色？這個答案依各地區而有所不同。通常這些人包括：警察、律師、法官、立法者、中央和地方政府代表、專家學者或非營利組織成員。有些課可能還需要其他領域的專業，如：醫藥、環境科學或商業。在教師手冊和學生課本中，都有關於特定職業種類和個體的建議；有了這些人士的參與，學習民主基礎系列概念的過程會顯得更為生動而多樣。

專業人士的參與應該經過審慎考量，並能配合課程或概念。

要讓社會專業人士的參與，盡可能發揮最大的效益，需要事先有詳細的規劃。教師應該注意下列事項：

■ 參與的主要模式，應該包含與學生互動和意見分享。必須要求專業人士協助學生準備角色扮演，或模擬法庭中要發表的論點。專業人士可以扮演法官、加入學生的小組，或回答與課文特定內容相關的問題。此外，專業人士應該參加課程或活動最後的總結討論。

■ 專業人士的發言應該要不偏頗，要包含各種觀點在內。如果某位專業人士無法維持客觀，你可以考慮再邀請另一位專業人士，以確保學生對那個專業領域有較完整的認識。專業人士也應該避免使用過於專業的術語，遣詞用字越簡單越好。

■ 專業人士到訪以前，學生應該有充足的準備，充分利用有專業人士在場的機會學習。

■ 多數專業人士都不是受過訓練的教師，因此不應該讓他們負責班級管理。在他們參與期間，教師應該隨時在旁給予協助。同時教師有時必須提出適當的問題或給予提示，提醒專業人士應該如何進行活動，這有助於專業人士與學生間的良好溝通。

■ 為了使專業人士的參與圓滿順利，專業人士應該事前就拿到要參與的課程資料。一般而言，在課程進行前會當面說明或用電話溝通，以有益於了解教師對專業人士的期望。

同時活動課程的計畫緊湊、時間有限，建議教師應儘早提出邀請。課程進行時，必須找一組學生負責在專業人士到訪當天擔任招待，並在活動結束後寄送感謝函。

實行互動式教學策略

　　「民主基礎系列」課程有一項很重要的特點，就是所採用的教學方式，能積極鼓勵學生針對與權威、隱私、責任和正義等概念相關的問題，做出自己的決定及提出自己的立場。學生們要學習，將所知應用於現在政治、社會上的各種問題。此外，這些教學策略強調許多參與技巧，有助於提升學生們在民主憲政體制中，成為良好公民的能力。例如，學生們學到要相互合作來達到共同的目標，懂得對具爭議性的議題加以評估、採取立場，並為自己的立場說明及辯護；也知道在面臨相對立的意見和觀點時，應該如何以建設性的方式加以處理。這些學習策略中也教導學生，有關政府的運作方式。

學習成果評量

　　「民主基礎系列」課程教授了許多複雜的概念、知識和技巧，要想了解學生的學習成果，必須用全面又富變化的評量方法。衡量學生是否有進步的方法，可以包括傳統的紙筆測驗，還有根據學生在課堂上的表現進行評估。

　　要檢查對特定概念、觀點或程序了解和熟悉的程度，傳統的紙筆測驗是非常有用的工具。然而，如果教師讓學生進行的活動，是那些需要具備複雜的知識和技能才能參與的活動，教師就必須使用類似的情境，才能評量出學生的學習成果。比方說，如果學生參加的是模擬立法公聽會，教師就應該先設定類似而相當的情境，學生才能展現他們的理解程度和技能。這就是在採用互動學習策略時，表現評估非常適合用於評量學習成果的原因。

　　表現評估不同於傳統測驗，因為學生無須從彼此不相關的答案中做選擇。在表現評估中，學生透過處理複雜的問題，來表現所學的知識和技能，這些問題之中富含有意義的情境設定（如立法公聽會），而且通常不會只有一個正確答案。因此，學生還可以自行架構或塑造適當的回答，用各種不同的方式呈現答案，這是他們展現所知和能力的一種方式。

　　表現評估特別適合「民主基礎系列」課程所強調的內容、技能和學習經驗。課堂上安排的各項的活動，如：小組討論、模擬法庭、公聽會，以及其他創意方案提供了最好的機會，將表現評估納入，成為學習的一部分。依據課文中各學習單元的安排，每一個單元都提供了有意義的情境，讓學生可以練習應用所學的知識和技巧。此外，每一課都有一個總結活動，讓學生綜合運用與該概念相關的所有學習成果。其他結合表現評估的方式，可參見各課「活

用所知」單元。

如果授課教師想自行設計不同的方法，來評估學生學習這套課程的成果，以下是一些可供參考的建議：

■ 要評估某個行為，必須先設定運用該行為的情境。例如，要評量學生做甲事的能力，就能提供情境讓他們實際做甲事。

■ 要評估學生在遇到情況時能否應用所學，就必須請他們在其他類似情況中應用所學的知識技巧。例如，教師在提問之後，必須能讓學生自行思考或討論得出適當答案，而非讓學生自許多選項中選擇正確回答。

■ 要評估學生在過程中的表現或學生作品的素質，並不是要知道學生能否找出正確答案的能力，重要的是學生們能有良好表現，或作出優秀作品的思考過程和立論依據。

■ 評量學生能否理解抽象概念與所學技巧之間的關聯。例如，在為討論做準備時，學生應該綜合運用閱讀、研究、寫作、表達和批判性思考等技巧，也應該能運用其他領域的知識和技巧來解決眼前的挑戰。

■ 事先提出表現優劣的評量標準，並確定學生們都清楚了解，可能的時候，提供範例給學生參考。

■ 提供有效而成功之團隊合作的衡量標準。小組合作和團體互動都是非常重要的能力，如果學生知道這些表現會一併受到評估，就會加以重視。

■ 給學生機會評估自己的學習情況及表現，這有助於學生能以較高標準來要求自己，並學習判定自己是否符合標準。因為這套課程中多數的學習策略都會反覆出現，學生們可以有足夠的機會不斷檢視自己的進步程度。

■ 給學生足夠的機會，自教師、同學和參與班上活動的專業人士等人處，得到回饋。

◑ 學習經驗省思

在「民主基礎系列」課程每個概念的結尾，我們建議學生們評量自己是否有達到該課的目標。無論對授課教師或學生而言，在各概念最後的學習階段，省思及評估整個學習經驗十分重要，其中不只包括思考概念本身的內容，也要衡量用來學習概念的教學方法。

Table of Contents 目錄

正義／教師指導手冊 Activity Book

導論

　　我們在閱讀報紙或看電視時，幾乎每天都看得到所謂不公或不義的事情。例如，個人或團體所受的待遇、某些物品、資源或負擔分配的方式，或嫌犯面臨的審訊。為什麼呢？有一種解釋：人類的社會自始就自然地在追求正義，這一點在許多國家的政治和法律的基本文件都可清楚的看見，其中最有名的就是「美國憲法」和「獨立宣言」。

　　正義課程設計的主要目標，在於幫助學生們在檢視正義難題時，了解一些基本原則及考量，並懂得如何應用，使他們在特定情形中能自行判斷該怎麼做才符合正義。學生不但能逐漸了解正義在日常生活及現代社會中的重要性，更能有效的培養處理正義問題的能力和智慧。

　　在學習正義的過程中，學生們會了解到正義跟公平幾乎指的是同一件事。每個人在日常生活裡，不管是家裡、學校或社區都會碰到與正義相關的問題。要討論範圍如此廣的問題，課程設計採用常見的分類方式，將正義的問題分為三種類型：分配正義（distributive justice）、匡正正義（corrective justice）、程序正義（procedural justice）。這樣分類的用意是在幫助我們能適當的提問，運用「思考工具」來檢視正義問題並公平的解決問題。在學習過程中，學生們可以練習如何檢查不同的問題，進而做出公平適當的決定。

第一課
Lesson ①

什麼是正義？

課程概述

這一課會學到正義和公平是同一件事。公平可分成三個方面：在團體中公平的分配事物（分配正義）、公平的回應錯誤行為（匡正正義），以及公平的查明真相或做決定（程序正義）。同時也學習把正義的議題加以分類，並運用一組題目（或稱為「思考工具」）來檢驗不同問題和做決定。

課程目標

上完這一課，學生應該能做到下列各事項：
■ 說出「正義」和「公平」的意義相同。
■ 分辨三種正義的類型：
　·在團體中公平的分配事物（分配正義）
　·公平的回應錯誤行為或傷害（匡正正義）
　·公平的查明事情真相或做決定（程序正義）
■ 運用範例將三種正義加以分類。
■ 說明將正義問題分類的作用。

課前準備和所需教材

故事本「熊熊家族：第一章」P. 1～8
學習手冊「第一課：什麼是正義？」P. 1～12
熊熊家族的主角圖樣：圖像原稿在本手冊的附錄中
P. 70～71。
圖畫紙和蠟筆

課程介紹

「學習手冊」P. 1

請學生說說學習手冊第2頁中的插圖可能牽涉到哪些公平的問題。

請學生讀學習手冊第1頁「本課會學到的概念」的內容，並討論這一課的課程目標。

「學習手冊」P. 2

教師從語境中找出語詞，共同討論並將語詞寫或貼在黑板上，引導學生自行先作詞語的解釋，教師再予以整理歸納後，鼓勵學生口頭造句，評估學生對該語詞的了解程度。

- 正義（justice）：公平（fair）
- 決定（decide）：解決一項問題或確定該怎麼做。
- 回應（respond）：在行動或言語上做出反應。
- 表決（vote）：以正式或有組織的方式，讓大家表示自己的選擇。

「學習手冊」P. 2～4

這部分要介紹正義的概念。

請學生一起讀課文的內容，了解「正義」和「公平」其實是同一件事情。

請學生回答學習手冊第4頁的問題，並和全班分享答案。

故事本「熊熊家族」P. 1～8
「學習手冊」P. 5～7

<熊熊家族>的故事

故事本第一章介紹三種關於正義的問題：用公平的方法分配、用公平的方法回應錯誤，以及用公平的方法蒐集資訊或做決定。故事的討論重點用熊掌圖案標示在頁面邊緣。第一章有三個主要的討論重點，每一個重點都要幫助學生了解一種公平的問題，這些討論重點對應學習手冊第5～7頁中的題目。

把故事第一章的內容大綱告訴學生，並將各個插圖呈現出來。教師可以自己大聲唸出故事的內容給學生聽，也可以請學生輪流朗讀。

閱讀<熊熊家族>故事本第5頁的討論重點

請學生回答學習手冊第5頁的問題，以下是學生可能的回應。

課程介紹

這部分的討論可以幫助學生了解「分配正義」：在不同的個人或團體之間如何公平的分配事物。這個主題會在故事本的第二章和學習手冊第二課中，有更詳盡的介紹。

■ 小倫遇到什麼樣的公平問題呢？

當熊熊們在森林裡野餐時，他們去探險。小倫發現一個樹洞，裡面有蜜蜂留下來的蜂蜜，小倫該怎麼做？把蜂蜜通通留給自己呢？還是應該要和其他的熊熊們分享？

請學生想一些小倫應該要把蜂蜜保留給自己的理由，例如：有些人會主張「誰撿到就是誰的」，小倫有權利獲得所有的蜂蜜，因為他找到本來就不屬於任何人的東西。

請學生想一些小倫應該要和其他的熊熊們分享蜂蜜的理由，例如：有些人可能會認為大家是好朋友，「好東西就要和好朋友分享」。

■ 小倫怎麼做？這樣做公不公平？為什麼？

讓學生自行決定小倫要怎樣解決這個問題，看看他最後決定要不要和大家分享這個好運氣。

可以讓學生角色扮演小倫面臨的難題。故事人物的紙樣原稿在手冊的附錄中，請學生在演出前先著色再把紙樣剪下來。指導演出時，請一位同學擔任小倫，四位同學扮演提出建議的人，兩位建議不要分享，兩位建議要分享。在演員們簡短的討論後，小倫必須決定怎麼做才算公平，並說明理由。對小倫的決定，其他同學可以提出看法。

■ 請說出一個在學校裡發生有關「公平分配」的問題。

讓學生自行舉例，並評估處理這些問題的方式是否公平。

> 閱讀<熊熊家族>故事本第6頁的討論重點

請學生們回答學習手冊第6頁中的問題，以下是一些可能的回應。

這部分的討論要幫助學生認識「匡正正義」：如果有人做錯事或造成傷害，該如何公平的回應。

■ 墨菲媽媽遇到什麼樣的公平問題呢？

墨菲媽媽發現蒂蒂爬樹，爬樹違反了家規，蒂蒂做錯事，媽媽必須對蒂蒂的行為做出公平的回應。

請同學們舉一些例子說明該如何回應這個狀況才算公平，例如：有些學生可能會建議墨菲媽媽不需做任何事，畢竟蒂蒂很開心又沒有受傷或造成損害。其他同學可能會覺得墨菲媽媽應該要處罰蒂蒂，因為蒂蒂違反了用來保護她不受傷的規定。這裡的討論重點在於讓學生了解可以有各種不同的處理方式。

■ 墨菲媽媽怎麼處理？這樣公不公平？
　為什麼？

　　讓同學們自行決定一個公平回應蒂蒂做錯事的方法。

　　可以讓學生角色扮演來演出墨菲媽媽面臨的難題，然後請全班同學一起評估各種不同的決定。故事人物的紙樣原稿在學習手冊附錄中。另一個方式是讓學生一起閱讀到故事本第6頁的下一個討論重點。

　　墨菲媽媽對蒂蒂說明為什麼規則很重要，並罰她在午餐之前都必須坐在樹下不能去玩。

　　學生可能會認為墨菲媽媽的做法能讓蒂蒂了解為什麼她做的事情是錯的，這樣的懲罰並不過分，讓蒂蒂有時間去衡量自己的行為，也許下次就不會再犯相同的錯誤。這裡的重點是在學習各式各樣的處理方式，有些比較適當，有些則不太合宜。

　　請說出一個用公平方式回應錯誤的例子。

　　請同學們找一些自己做錯事的例子，並評估處理的方法公不公平。

閱讀＜熊熊家族＞故事本第8頁的討論重點

　　請同學們回答學習手冊第7頁中的問題，以下是一些學生可能的回應。

　　這部分的討論要幫助學生認識「程序正義」：公平的做決定或蒐集資訊的方法。

■ 熊熊們遇到什麼樣的公平問題？
　　熊熊們要玩遊戲，佩佩命令大家玩捉迷藏。熊熊們沒有機會自己決定要玩什麼遊戲。

　　請同學們建議一個公平的方法來決定玩什麼遊戲。

■ 熊熊們怎麼做？這樣做公不公平？為
　什麼？
　　可以由班上同學決定如何為熊熊們公平的選出一個大家想玩的遊戲。

　　可以讓學生角色扮演熊熊們面臨的難題，然後請全班同學一起評估各種不同的決定。故事人物的紙樣原稿在本手冊附錄中。另一個方式是讓同學們一起讀完這一章的故事。

　　泰迪建議讓每個人都有機會說出自己想玩的遊戲，然後再由大家投票表決。

　　這個方法很公平，因為大家都熟

悉投票表決[1]的方式和程序，而且每個人都有機會參與決定。在這個狀況中，由一個人決定所有的人要做什麼並不公平。

■ 請說出一個用公平方式做決定的例子。

請同學們說出經由團體做出決定的例子，然後評估這樣的方式公不公平。

✿ 重點觀念 ✿

「學習手冊」P. 8

請學生讀學習手冊第8頁的內容，這裡的課文內容整理出三種正義的問題，請教師把這三種正義列在黑板上：①在團體中公平的分配事物；②公平的回應別人的錯誤行為；以及③公平的查明真相或做決定。

這一課的學習重點是要學生了解把正義分成三種類型是為了幫助我們思考問題並做出公平的決定。我們需要不同的「思考工具」來分析這三種正義。

✿ 解決問題 ✿

「學習手冊」P. 9～11

在這單元中，學生要學習公平的問題，分辨下列狀況中是哪一種公平問題。

將學生分成兩人一組來回答狀況1～6的問題。

在開始這項活動之前，請大家先讀第11頁的提問和各項指示。

同學們完成後，要和全班分享答案，以下是學生針對不同狀況可能的回應。

1. 所有的小朋友都去公園裡野餐，有兩個小女孩在清理垃圾。

這是屬於公平分配的問題。這樣的分配不公平，因為不是每個人都分擔了清理的工作。其他人沒有做該做的事情也是一種不公平，應該所有的小朋友都來幫忙清理才公平。

2. 球隊要選隊長，只有最好的球員可以投票。

這是屬於公平分配的問題。這裡沒有公平分配投票的權利，所有的球隊隊員都可以投票選隊長才公平。

---

1 表決就是以正式的方式把決定告訴大家。

3. 小個子撞到大個子。他不是故意的。大個子打了小個子。

這是屬於公平回應錯誤行為的問題。不小心撞到人似乎沒有一定的處理原則。我們總是希望能保留一些個人的空間，不受干擾，小個子男孩不小心撞到大個子男孩，大個子男孩的反應不公平，公平的方式應該是要提醒小個子男孩走路要小心。這個大個子男孩同時也犯了一個錯誤，他沒有權利打人。可以請同學們想想看應該要如何回應大個子男孩的這個錯誤才公平？

4. 兩個男孩在鄰居的牆上塗鴉，媽媽叫他們把牆面清乾淨。

這是屬於公平回應錯誤行為的問題。基本上，這是公平的處理方式，媽媽得花時間讓這兩個孩子了解為什麼在鄰居的牆上塗鴉是不對的，他們還應該要向鄰居道歉。

5. 女孩扭著男孩的手臂，要男孩說出窗戶是他打破的。

這是屬於程序正義的問題，要用公平的方法蒐集資訊的例子。用傷害別人的方式獲得資訊，基本上就是錯的。公平的方式應該是詢問那個男孩和其他可能可以作證的人，看看有沒有人知道這個事件。同學們可能也會說這個女孩回應錯誤的方式也不公平。

6. 男孩想要隊長選他，他跟隊長說如果選他，就會把點心給她吃。

這也是個程序正義的問題，要公平的做決定。用利益或報酬企圖影響決定

的結果是不對的，這樣的方式不公平。

這個例子比較複雜。基本上這是個如何公平地決定的例子，這樣的程序並不公平。不公平地影響一項決定並不適當，應該以需求、能力、應得與否來做決定。

有些同學可能會注意到這裡也有公平回應錯誤的問題，這個錯誤就是提供報酬來影響決定的結果。也可能有同學認為這裡有公平分配的問題，因為這樣的決定並不是基於對需要、能力、或應得與否的考量。

運用和技巧評估

✐ 展示學習成果 ✐
「學習手冊」P. 11～12

　　把圖畫紙和蠟筆發給學生，請大家依照手冊第12頁的指示畫三張圖，然後和全班同學分享成果。

延伸學習

✐ 課後活動 ✐
「學習手冊」P. 12

　　學習手冊第12頁建議的練習將學習延伸運用到課堂之外，你可以請學生完成其中一項或兩項活動，然後和全班分享成果。

Lesson ②

怎樣分配才算公平？

課程概述

學生學習分析在團體裡公平分配事物的問題，以及決定如何在分配時，依據個人的需要、能力和應得與否（功過賞罰）來考量彼此間的相似性和差異。學生將會練習在不同的情況下運用這些觀念解決分配的問題。

課程目標

上完這一課後，學生應該能夠做到下列各事項：

■ 找出人們在家中、學校或鄰里社區中，必須與他人分享或分擔的事物。

■ 說明需求、能力或應得與否的觀念，如何幫助我們解決公平分配的問題。

■ 運用需求、能力、應得與否的觀念，判斷特定情形下所發生的事情是否公平。

■ 運用需求、能力、應得與否的觀念，決定如何在團體中解決公平分配的問題。

課前準備和所需教材

故事本「熊熊家族：第二章」P. 9～15
學習手冊「第二課：怎樣分配才算公平？」P. 13～25
小紅母雞的主角圖樣：圖像原稿在本手冊的附錄中
P. 72
圖畫紙和蠟筆。

課程介紹

✎ 本課會學到的概念 ✎

「學習手冊」P. 13～14

請學生看學習手冊第14頁的插圖來介紹這一課，他們認為哪些是公平的分配方式？

請學生讀學習手冊第13頁「本課會學到的概念」的內容。

✎ 本課詞彙 ✎

「學習手冊」P. 14

教師從語境中找出語詞，共同討論並將語詞寫或貼在黑板上，引導學生自行先作詞語的解釋，教師再予以整理歸納後，鼓勵學生口頭造句，評估學生對該語詞的了解程度。

- 能力（ability）：能做到某件事，就是算有能力。
- 家事（chore）：家中瑣碎的小工作。
- 應得與否（deserve）：是否有權得到某樣事物。
- 需求（need）：某些目前我們缺乏，但需要或有權擁有的事物。

✎ 重要觀念 ✎

「學習手冊」P. 14～15

請讀學習手冊第14頁和第15頁的內容。經由討論，大家會了解不論在家裡、學校裡或社區中，很多時候我們常必須和別人分享或分擔事物，有時候是分享利益、好處或是我們喜歡的事物，例如：食物、玩具等等。有時候分攤的是責任、負擔或是我們不喜歡的事物，例如：做家事。

用第15頁的問題請學生回答必須要分擔或分享的事物，然後加以分類是利益還是負擔。請大家思考，為什麼無論喜不喜歡的事物都必須和別人分享或分擔是很重要的。並請大家想想在分享或分擔時可能會發生哪些問題？

✎ 閱讀、複習和討論 ✎

「熊熊家族：第二章」
故事本P. 9～15
「學習手冊」P. 16～18

<熊熊家族>的故事

第二章介紹平均的分配利益或負擔不見得公平。公平的分配必須依據分配的對象不同而有差別。為了能公平分配某項事物，我們必須先分析參與分配的成員，彼此間在需要、能力和應得與否上有哪些相同或差異的地方。

藉著討論，學生可能會注意到在不同的情況中，必須運用需求、能力或應得與否中的一項或多項來評量分配狀況是否公平。學生也注意到在特殊情況下，每個人的想法也有不同。如果討論的例子發生在生活中，更能激發學生熱

課程介紹

烈討論。

第二章有三個討論重點。每個重點幫助學生了解需求、能力和應得與否的觀念，配合學習手冊第16頁到第18頁之間列出的問題。

介紹第二章內容並讓大家看一些插圖。教師可以自己唸故事的內容，也可以請學生們輪流朗讀。

> 閱讀〈熊熊家族〉故事本第11頁的討論重點。

請學生回答學習手冊第16頁的問題。以下是一些可能的回應：

這裡的討論能幫助大家了解在決定「由誰獲得什麼」時，要考量需求的因素。所有的熊都同樣需要營養，這時，最重要的考量因素是他們的體型，身材會影響他們需要營養的多寡。

■ 小莉寶寶「需要」吃得跟大熊一樣多嗎？為什麼？

泰迪得到一小碗的莓子，小莉寶寶得到一小小碗的莓子，強生爸爸則得到一大碗。這樣的差別是根據這些熊熊每天「需要」消耗的食物量的比例來分配。雖然小莉寶寶也「想要」和其他的熊一樣得到一大碗莓子，但是她的身體並不「需要」那麼多的營養。

這是一個幫助學生分辨「需要」和「想要」不同的好機會，有些人可能主張小莉寶寶有心理上的需求要和大家均分，但是這個需求和這裡要討論的狀況無關。

■ 小莉寶寶有「能力」跟大熊吃得一樣多嗎？為什麼？

泰迪和小莉寶寶應該都沒有和大熊相同的食量。但是需要吃足夠的食物來維持身體健康，比有沒有能力吃這麼多，是更重要的考量因素。

■ 小莉寶寶「應該」（應得、值不值得）跟大熊吃得一樣多嗎？為什麼？

小莉寶寶和大家一起採集莓子，因此也應該分得一份莓子。

但是故事裡沒有顯示她應該得相同或更多的莓子。

■ 你認為小莉寶寶可以得到一大碗嗎？為什麼？

由學生決定小熊們可不可以得到較大份的莓子，他們必須從需要、能力和應得與否的角度來考量。學生們的結論或許是小莉寶寶個子小、需要和能消化的營養也少，給她比較少量的莓子可能是公平的做法。

閱讀＜熊熊家族＞故事本第13頁的討論重點。

請學生回答學習手冊第17頁的問題。以下是一些可能的回應：

這裡的討論能幫助大家了解在決定「由誰獲得什麼」時，要考量能力的因素。所有的熊都喜歡也想要打棒球，這時重要的考慮因素是每個人的能力。請注意：有些熊熊會按照個別的能力而分派不同的位置。

■ **小莉寶寶「需要」跟別人一樣擔任投手嗎？為什麼？**

小莉寶寶在心理上需要有參與感，身體上也和其他的熊熊們一樣需要運動。但是，這兩項需要可以由其他方式獲得滿足。

還有可能被提出的爭論點是，小莉寶寶需要有機會發展打球的技巧。

■ **小莉寶寶有「能力」把球投得跟別人一樣遠嗎？為什麼？**

小莉寶寶會投球，但是投不了那麼遠。相反的，小倫比較大又比較強壯，是個好投手，小倫有更好的能力來擔任投手。

■ **小莉寶寶「應該」跟別人一樣擔任投手嗎？為什麼？**

故事中並沒有顯示誰更有資格擔任投手，所以應得與否在這裡不是重要的考量。

■ **你認為小莉寶寶可以擔任投手嗎？為什麼？**

讓學生自行決定要不要讓小莉寶寶當投手。由於她能力有限，沒有讓她擔任投手應該是公平又合理的決定。不過，可能有同學會認為小莉寶寶必須學習投球，讓她當投手有助於達成這個目的。如果目的是要組成一支最棒的球隊，指定各位球員擔任各自最合適的位置應該就很公平合理。如果目的是要讓大家練習擔任不同的位置，並讓大家有機會發掘或發展能力，那麼以需求做為考慮因素來決定每個人的位置就很公平合理。

閱讀＜熊熊家族＞故事本第15頁的討論重點。

請學生回答學習手冊第18頁的問題，以下是學生們可能的回應。

這部分的討論能幫助大家了解在決定「由誰獲得什麼」時，要考量是否有資格或應得與否的因素。所有的熊都一樣認真的準備表演。故事中沒有提到因為行為不當或年紀太小而要剝奪誰的表演機會。小莉要求多表演一次是基於她是小寶寶，需要更多的關心和注意。而且她分得的莓子比別人少，玩球時也沒有機會當投手。在其他的狀況中，小莉寶寶獲得的待遇和其他人不同，因此她

覺得自己現在應該有多一次的機會。

■ 小莉寶寶「需要」比別人多表演一次嗎？為什麼？

有些人可能會主張小莉寶寶應該要學習和別人輪流，大家都表演一次很公平，不管她多麼想再有一次機會。這裡又是一次教導學生分辨「想要」和「需要」的好機會。有些同學可能會認為寶寶年紀小，需要比別人更多的關心和注意，多給她一次表演機會也無妨。

■ 小莉寶寶有「能力」比別人多表演一次嗎？為什麼？

每個人對寶寶前一次的表演都表示喝采，因此，我們可以推論在下一次的表演中，她還是有能力表演得很好。故事中並沒有說寶寶和其他的熊熊們比較起來能力如何，所以能力在這裡應該不是重要的考量因素。

■ 小莉寶寶「應該」比別人多表演一次嗎？為什麼？

寶寶認為自己有資格多一次表演機會，因為她先前分到的莓子比別人少，又不能當投手，因此，現在她應該受到特別的關愛。

有些同學可能會主張小莉寶寶的行為擾亂了整個表演，所以不應該得到多一次的表演機會。

■ 你認為小莉寶寶可以比別人多表演一次嗎？為什麼？

由學生們自行決定要不要給小莉寶寶多一次表演機會。

學生們應該用需要、能力和應得與否的觀念來支持自己的論點和立場。

◊ 重要觀念 ◊
「學習手冊」P. 19

請學生讀這部分的內容。同學們應該了解為了能解決公平分配的問題，我們會進行比較，比較人們在需求、能力和應得與否上，有哪些相同和差異的地方。這三個因素並不見得一體適用每一個情況，有時候，需求是比較重要的考量因素，有時候則是能力或應得與否比較重要。

批判性思考

這個單元中學生們要運用需求、能力和應得與否的因素在團體裡公平分配事物。

將學生分成兩人一組，回答學習手冊第20～21頁的問題。活動進行前，先複習第19頁的各項指示和問題，請學生們比較各種狀況中每個人在需求、能力和應得與否之間的相似性和差異性。

同學們完成後，要和全班分享各組的答案。以下是一些同學們可能提出的答案。

1. 午餐時，最大的男孩吃最小塊的餅乾，最小的男孩得到四塊餅乾。

從需要的角度來看，這樣的分配不公平。兩個男孩都需要營養，大男孩比小男孩需要更多的營養才能維持健康。可能有學生會認為讓較小的男孩多吃一點他才會長得快一點。

2. 湯姆和莎莉都想在學校的話劇裡扮演小熊維尼。莎莉演得比較好，湯姆得到演出的機會。

從能力的角度來看，這樣的分配不公平。莎莉的演技比湯姆好，應該由莎莉來演，有些學生會主張從需要的角度來考量，湯姆必須磨練演技，由他來擔任這個角色是給他磨練的機會。

3. 三個小朋友破壞了班規，老師罰他們下課時間不准玩。

在這個狀況下，這樣的懲罰似乎是公平的。三位學生都違反了班規，應該受到相同的對待，因此三個人都受懲罰不能下課。

如果其中之一受到口頭警告，另外兩名學生則被罰下課不能出去玩，這就不公平了。

題目中沒有提到任何一位學生是因為什麼理由違反班規。如果有人有正當理由，處罰就可能會不同。

如果老師因為這三名學生的行為而懲罰全班同學，這樣的分配也不公平，班上其他同學沒有道理受懲罰。

還有，如果之前像這樣破壞班規的同學，都只受到口頭責備的話，現在這樣的懲罰也不公平。

4. 老師給在學校工作表現良好的同學打星號。他給三名學生每人四顆星，有些學生一顆也沒有。

如果打星星的標準是依據應得與否的話，就是公平的分配。學校工作表現良好的學生應該受到獎賞。不過，有些沒有得到獎賞的學生可能非常辛苦、認真的工作，因為能力的關係無法得到獎賞。在這種情況下，應該給予他們其他形式的肯定和鼓勵。

5. **學校樂隊需要五個新的演奏者，有十個小孩想加入，其中五個非常用心練習吹奏樂器，另外五個並沒有。有的學生很努力還是演奏不好，有些不是很用心練習的，卻表現得不錯。樂隊指導老師選的是認真的學生。**

如果這裡分配的考量基於需求和應得與否，可以說是公平的方法。這裡的目標是要讓學生們有在樂隊中演奏的經驗，並獎勵認真用心的人，而不是要評量個人能力的高低。如果考量的標準只有能力的話，這樣分配就會被認為是不公平的方式。

展示學習成果

「學習手冊」P. 22～25

這單元要讓學生們練習用所學到公平分配的解決問題技巧，來分析「小紅母雞」的故事。請學生讀手冊第23頁到第25頁的故事內容，把學生們分成四人一組，指派每一人負責扮演一個故事中的主要角色：小紅母雞、貓咪、狗狗和老鼠。請大家一起讀學習手冊第22頁的指示。

發給學生故事人物的圖像，圖案原稿在本手冊的附錄中。給學生們足夠的時間來準備這些玩偶道具和表演。

在各組演出之後，共同討論哪一組的解決方法較公平？

延伸學習

課後活動

「學習手冊」P. 25

第25頁建議的練習將學習延伸運用到課堂之外，你可以請學生完成其中一項或兩項活動，然後和全班分享成果。

NOTES

Lesson ③

如何解決分配的問題？

課程概述

　　這一課是屬於全班參與的活動，提供學生分析在團體中公平分配事物和做決定的練習機會。在「班級計畫」的故事中，一街小學的校長想要選出一個班級來執行一項特殊的計畫，很多班級都提出申請。請學生分別角色扮演評選委員會及申請參與計畫的各班學生。活動中以評估、採取立場及辯護的方式，然後決定獲得執行特殊計畫殊榮的班級。

課程目標

上完這一課後，學生應該能做到下列各事項：
- 運用需求、能力和應得與否的概念來分析問題，公平的決定出執行特殊計畫的班級。
- 依據各組的需求、能力、應得與否來評估、採取立場及辯護。
- 說明如何使用需求、能力和應得與否的概念，在團體中公平的分配事物。

課前準備和所需教材

學習手冊「第三課：如何解決分配的問題？」P. 27～32
「公平分配」思考工具表格影本，原稿樣張在本手冊的附錄中P. 66。

課程介紹

● 本課會學到的概念 ●

「學習手冊」P. 27

　　向學生說明這一課中要練習運用前面學到「公平分配」的方式來解決問題。課堂上，學生要角色扮演一個虛擬學校裡的事件。如果他們沒有演戲的經驗，請先說明角色扮演的目的，並建議該如何準備和呈現各個不同的角色。

● 本課詞彙 ●

「學習手冊」P. 28

　　教師從語境中找出語詞，共同討論並將語詞寫或貼在黑板上，引導學生自行先作詞語的解釋，教師再予以整理歸納後，鼓勵學生口頭造句，評估學生對該語詞的了解程度。

- 計畫：一項特殊的規劃或任務。
- 負責：負有責任或義務。

● 參與班級活動 ●

「學習手冊」P. 28～30

　　請同學先讀「參與班級活動」的介紹，再接著讀「班級計畫」的故事。討論故事中的事實和問題，之後發給每位學生一份「公平分配」思考工具表，表格原稿在本手冊後面的附錄中。表格中的問題是根據第二課中學到的**需要**、

能力和應得與否的觀念來檢查公平分配的難題，這些問題能幫助學生們分析角色、準備演出。第41頁表格中的內容是學生可能提出的回應。

● 活動準備 ●

「學習手冊」P. 31

　　和學生一起複習進行活動的說明，每個人都必須熟悉學習手冊第31頁第一組的各項指示，然後把全班分成五個小組：

　　第一組：評選委員會：負責選出優勝的班級
　　第二組：阿拉摩先生班上的學生
　　第三組：布魯斯先生班上的學生
　　第四組：強生女士班上的學生
　　第五組：吳太太班上的學生

　　給學生們足夠的時間來完成思考工具並準備後續在會議上要說的話，鼓勵學生用寫在思考工具表的內容做為陳述的資料。

● 進行活動 ●

「學習手冊」P. 32

　　複習活動的指示，在活動進行之前，先將桌椅擺設成適合的形式。

　　請評選委員會的主席宣佈會議開

課程介紹

深入討論

始，各組輪流向評選委員會提出計畫的簡報。每一組簡報後，評選委員會要向該組提問質詢，並由該組中沒上台報告的同學負責回答。

教師先指派一位同學擔任計時員，每一組有3～4分鐘的報告時間，以及5～6分鐘的問答時間。

最後，第一組必須就各組計畫的優缺、點進行爭辯，然後投票決定哪一組的計畫雀屏中選。並向大家宣佈決定的理由。

◎ 深入討論 ◎

「學習手冊」P. 32

「深入討論」部分的問題要幫助學生整理這一課所學的內容，並評估第一組的決定，還能幫助同學們回顧整個活動的過程。請鼓勵大家自由發言是否同意第一組的決定。

公平分配	
正在考慮什麼事？	得到彩繪垃圾桶讓學校更美麗的權利。
要考慮哪些人？	阿拉摩老師、布魯斯老師、強生女士、吳太太班上的學生。
他們在下列各事項中，有哪些相同和差異的地方？	所有的學生都是一街小學的學生，都表示想要參與這項計畫。
■ 需要	需要：所有的學生都希望作品被肯定。阿拉摩老師班上的學生從未被選來執行任何特殊計畫，而強生女士班上的學生上個月才完成一項特別計畫。
■ 能力	能力：所有班級都表現出有執行這項企劃的能力。阿拉摩老師的班級在這方面可能較弱，因為他們的年紀還很小；強生女士的班級沒有進行過這一類的企劃案，無法證明他們的能力如何；布魯斯先生的班上已經在教室的垃圾桶展現高度的彩繪能力；吳太太的班級也曾經展現他們在這方面的能力。
■ 應得與否	應得與否：阿拉摩老師的班級很認真的進行他們的計畫，而且他們的表現一直都很棒；強生女士的班很認真的做計畫；吳太太的班上，有些同學很認真，有些學生則明白表示興趣缺缺；布魯斯老師的班級想要直接用已經畫在班級垃圾桶上的圖案，並沒有很認真的規劃。
你如何解決這個問題？為什麼？	

Lesson ④

怎樣回應錯誤和傷害才算公平？

課程概述

　　學生必須學習用公平的方式回應人們的錯誤或造成的傷害，這是為了更正及避免再度發生錯誤或傷害。學生會學到五個步驟來檢驗回應錯誤或傷害的方式是否公平。他們將分析兩個學生在走廊上奔跑所引起的問題，並決定該如何公平的回應他們造成的錯誤和傷害。

課程目標

上完這一課後，學生應該可以做到下列各事項：
■ 說明錯誤和傷害的意義。
■ 說明當有人犯錯或造成傷害時，為何要用公平的方式回應?
■ 說明有助於分析狀況並決定如何公平回應錯誤或傷害的五個步驟（五個問題）
■ 運用五個步驟來分析狀況並決定如何公平的回應。

課前準備和所需教材

故事本：「熊熊家族：第三章」P. 16～22，
學習手冊：「第四課：如何公平回應錯誤及傷害？」
P. 33～44
「公平的回應」思考工具表影本；原稿在本手冊的附錄中
P. 67～68。

課程介紹

本課會學到的概念

「學習手冊」P. 33～34

請學生們看學習手冊第34頁的插圖，並問學生：「書上畫的小孩在做什麼呢？在那個狀況下，該怎麼做才公平呢？為什麼？」

然後，請學生讀學習手冊第33頁「本課會學到的概念」。

本課詞彙

「學習手冊」P. 33

教師從語境中找出語詞，共同討論並將語詞寫或貼在黑板上，引導學生自行先作詞語的解釋，教師再予以整理歸納後，鼓勵學生口頭造句，評估學生對該語詞的了解程度。

● 匡正（correct）：修正某事表示要把事情弄正確。糾正某人表示要幫助此人做得比以前更好。
● 傷害（injury）：損傷或危害。
● 錯誤（wrong）：不正確或不道德的事。

重要觀念

「學習手冊」P. 34～38

請學生們讀這一部分的課文，讓大家了解當有錯誤發生時，我們希望能公平的回應，並學習「錯誤」和「傷害」的定義。在檢查這兩個名詞的定義後，請回答以下的問題：你曾經看過別人犯了什麼錯誤？第36頁和第37頁請照著相同的步驟進行。

學生們必須了解當人們犯了某項錯誤或造成某個傷害時，我們必須做出回應，我們希望能匡正（correct）錯誤或傷害，讓事情變成對的。

閱讀、複習和討論

「熊熊家族：第三章」
故事本P. 16～22
「學習手冊」P. 38～39

＜熊熊家族：認識正義＞的故事

第三章向學生介紹用公平的方式回應錯誤和傷害的觀念。有兩個主要討論的重點。

一般說來，錯誤是指違反法律、規則或道德準則。傷害是指任何會對個人或財產造成損失，或侵犯人們的權利。錯誤或傷害都可能單獨發生，也經常同時存在。

當產生錯誤和傷害時，我們希望能把事情更正過來，也就是希望能把事物還原到錯誤或傷害發生之前的狀態，這就是匡正正義的目標之一。

但是，有些事物卻沒有辦法回復原狀，例如，生命。這時，要決定怎樣才

是公平的回應方式就很困難。匡正正義的第二個目的是要人們在未來能避免同樣的錯誤再度發生。

把故事第三章的內容大綱告訴學生，並呈現各個插圖。教師可以自己唸故事的內容給同學聽，也可以請同學們輪流朗讀。

> 閱讀<熊熊家族>故事本第16～19頁的討論重點

這裡的討論應該能加強學生在前面章節中學到的傷害和錯誤的概念，了解當有人發生錯誤或造成傷害時，我們希望能用公平的方法來回應。

請學生回答故事中的問題，以下有一些可能的回應。（請注意，學習手冊裡只提到小倫的錯誤和傷害。）

■ 「你認為該怎麼做才公平？」老師問。

佩佩沒有經過美美的同意就拿走蠟筆，這是一個錯誤。佩佩還把蠟筆折斷，擾亂到大家上課，這些是傷害。公平的回應方法應該很多，老師可以找佩佩談，告訴佩佩她的做法是錯誤的，佩佩可以向美美和全班同學道歉。不過這些都無法讓毀損的財產復原；我們可以要求佩佩歸還蠟筆，並把她的蠟筆和美美一起共用；佩佩可以買一盒新的蠟筆還給美美。

請大家讀故事本第19頁的其餘部分內容，並比較自己的回應和故事的發展，故事本中的回應公平嗎。為什麼？

> 閱讀<熊熊家族>故事本第21頁的討論重點

請學生們回答學習手冊第39頁的問題，以下是一些可能的回應：

這裡的討論應該能加強學生在前面章節中學到的傷害和錯誤的概念，幫助大家了解在決定公平回應時，必須考慮下列各事項：

■ 首先，我們想知道錯誤或傷害有多嚴重。
其次，我們想要考量做錯事的人：
● 這個人是故意的嗎？還是不小心的？
● 這個人以前做過相同或類似的事情嗎？
● 這個人對所做的事情有無悔過之意？

■ 第三，我們想要考量受到錯誤或傷害的人或人們：
● 他能復原到什麼程度？
● 對這個錯誤或傷害，他也有部分的責任嗎？

最後，如果我們心中有些想法，我們希望確定這個想法不會違背其他重要

的價值，例如：人性尊嚴、其他的權利或是比例原則和可行性。

■ 小倫犯了什麼錯誤？

熊熊們在等待輪流打球時，小倫插隊，這是一個錯誤。雖然沒有明文規定，但排隊等候是一種生活慣例。小倫還對老師說謊，謊稱是其他同學讓他插隊，同樣的，沒有明文規定不能說謊，但是說謊的確違反了應該要誠實的道德準則。

■ 小倫造成什麼傷害？

小倫擾亂了比賽，也影響到整個球場的秩序，還剝奪其他同學輪流玩球的權利。

■ 對小倫的錯誤，怎樣回應才公平？

請學生們決定該如何公平的回應故事中的錯誤和傷害。

在幫助學生決定公平的回應時，請大家：
- 想一想這個錯誤或傷害有多嚴重；
- 想想小倫犯的錯誤或造成的傷害是故意的嗎？還是不小心的呢？
- 他過去是否有類似的行為？
- 他是否對自己的行為感到後悔？
- 想一想遭受錯誤或傷害的人，其他的同學也要負一些責任嗎？

接下來，請學生提出一些可能的回應，（學生可能回答，例如：遊戲暫停。）請同學說明為什麼這些回應公平或不公平？

請大家讀故事本第22頁其餘的內容，比較同學的回應和故事中發生的情況，故事中的處理方式公平嗎？為什麼？請注意，小倫決定不再插隊了。老師的處理有助於匡正錯誤和傷害，也能防止其他人在未來犯同樣的錯誤或造成類似的傷害。

◢ 重要觀念 ◣
「學習手冊」P. 40～42

請學生們讀這部分的課文，學習五個步驟。和學生討論每一個步驟，這可以幫助我們分析情境，發展出用公平的方式匡正錯誤和傷害的思考工具。這五個步驟詳列在本手冊附錄中「公平的回應」思考工具表格裡。第六個步驟是要讓學生把焦點放在達成「如何回應錯誤和傷害」的決定上。

批判性思考

解決問題

「學習手冊」P. 42～43

把學生分組，發給大家「公平的回應」思考工具表。表格原稿在本手冊的附錄中。表格中的問題和學生在這一課稍早學到的五個步驟一致，第六個步驟是要讓學生記錄他們自己的決定和理由。

請大家讀第42頁進行這項練習的各項指示，給學生足夠時間讀「追逐」這個故事，並完成思考工具表，最後，請各組和全班分享所做的決定。

本手冊第47頁是學生可能提出的回應。

運用和技巧評估

展示學習成果

「學習手冊」P.44

向學生朗讀各項指示，如果他們尚未發展出寫作的技巧，可以把心中想到的故事情節說給班上聽。如果學生已經有寫作的能力，鼓勵他們把故事寫出來和大家分享。

延伸學習

課後活動

「學習手冊」P.44

學習手冊第44頁建議的練習活動將學習延伸運用到課堂之外，你可以請學生完成其中一項或兩項活動，然後和全班分享成果。

思考工具表

公平的回應	
步驟1. 造成的錯誤或傷害是什麼？	貝茲和蒂莎違反校規在走廊上奔跑。
	蒂莎撞到喬，讓喬手中的牛奶盒掉到地上，牛奶灑得到處都是，弄得一團糟。
步驟2. 誰造成這些錯誤或傷害？	貝茲追逐蒂莎是故意的。雖然課文沒有明說，貝茲顯然是這個事件的帶頭者。
■ 他們是故意的嗎？	蒂莎想要躲避貝茲的追逐，她的動作顯然也是有意識的。
■ 是不小心的嗎？	蒂莎撞到喬是不小心的，但是這是因為前面錯誤的行為產生的結果。
■ 他們應該知道不能這麼做嗎？	老師先前就警告過貝茲不能在走廊上奔跑，她告訴貝茲這是違反校規，而且還會讓別人受傷。
■ 他們以前做過相同的事嗎？	貝茲不是第一次在走廊奔跑。
■ 他們對所做的事感到後悔嗎？	沒有關於蒂莎的暗示。
■ 他們有試著解決問題嗎？	蒂莎向喬道歉，並幫忙清理這一團混亂。貝茲則從另一邊跑掉了？
步驟3. 誰受到這些錯誤或傷害影響？	貝茲和蒂莎違反校規，他們的行為違背了學校裡保護大家安全的準則。
■ 他也有部分的責任嗎？	喬只是做他該做的事，在這個狀況中沒有犯任何錯誤。
	蒂爾老師班上的學生可能沒有牛奶可以喝了，他們在這個事件中也沒有犯錯。
步驟4. 怎麼做才能解決問題（公平回應）？	選擇最適合的方式，回應貝茲的行為和她造成的傷害。
■ 要求犯錯的人道歉	選擇最適合的方式，回應蒂莎的行為和她造成的傷害。
■ 幫助他了解為什麼他做的事情是錯的	讓學生建議其他合理的回應方式。
■ 讓犯錯的人修補損害	
■ 讓犯錯的人賠償或更換受到損害的部分	
■ 用某種方式懲罰做錯事的人	
步驟5. 還可以考慮什麼其他的做法？	請學生們一一檢視對這兩個女孩的可能回應方式，幫助學生決定哪一個方式最恰當
■相較於這個錯誤或傷害，這樣的回應會不會太嚴苛？	
■這樣的回應有沒有尊重所有相關的人？	
步驟6. 怎樣才是公平的回應方式？為什麼？	對貝茲所犯的錯誤和造成的傷害，請學生決定一個最好的回應方式。
	對蒂莎所犯的錯誤和造成的傷害，請學生決定一個最好的回應方式。
	請學生們說明如此決定的理由。

第五課
Lesson ⑤

如何以公平的方式回應錯誤和傷害？

課程概述

　　這一課屬於全班參與的活動，讓大家練習分析對錯誤或傷害的公平回應方式，在「玩火柴」的故事中，兩個小孩損壞了鄰居的車庫。由學生們分別扮演調解人、家長和鄰居，來決定該怎麼公平的回應故事中的錯誤和傷害。

課程目標

上完這一課後，學生應該可以做到下列各事項：
■ 用五個步驟（即思考工具）來分析對錯誤或傷害的公平回應方式。
■ 對公平回應錯誤或傷害的問題加以評估、決定，並為所採取的立場辯護。
■ 說明如何運用這五個步驟（即思考工具）來決定對錯誤或傷害的公平回應方式。

課前準備和所需教材

學習手冊「第五課：如何以公平的方式回應錯誤和傷害？」P. 45～P. 50
「公平的回應」思考工具表格影本；表格原稿在本手冊的附錄中P. 67～68 。

課程介紹

◢ 本課會學到的概念 ◣

「學習手冊」P. 45

　　向學生說明在這一課中要運用所學的公平方法來回應一個錯誤或傷害。在課堂上，以角色扮演的方式討論小孩子損壞了鄰居財產的故事。如果學生沒有演戲的經驗，請先說明角色扮演的目的，並建議該如何準備和呈現各個不同的角色。

　　請學生們讀學習手冊第45頁「本課會學到的概念」的內容。

◢ 本課詞彙 ◣

「學習手冊」P. 46

　　教師從語境中找出語詞，共同討論並將語詞寫或貼在黑板上，引導學生自行先作詞語的解釋，教師再予以整理歸納後，鼓勵學生口頭造句，評估學生對該語詞的了解程度。

● 調解人：幫助他人解決歧見的人。
● 協議：人與人之間所達成的安排或共識。

◢ 參與班級活動 ◣

「學習手冊」P. 46～48

　　請學生讀這個部分的介紹和「玩火柴」的故事。在討論故事的內容和問題之後，發給每位學生一張「公平的回應」思考工具表，表格原稿在本手冊附錄中。表格中的問題是依據第四課裡所學到的五個步驟，以檢驗對錯誤或傷害是否公平回應的方法，能幫助學生在爭議中進行分析和判斷。

◢ 活動準備 ◣

「學習手冊」P. 49

　　活動進行前，先把班上學生平均分成三組，分別代表①調解人，②彼得斯女士，③史密斯先生。先複習這個部分的各項指示，確定每一組都了解自己的角色。

　　讓學生依照所扮演的角色，分組集合討論，互相協助準備調解會議。

　　學生應該要用表格來分析故事中的問題，並用表格中的資訊來準備所扮演的角色。本手冊第51頁中有學生可能提出的回應。

　　每位學生都要積極的參與角色扮演。要有效的參與整個活動，這個階段的準備工作非常重要。

　　在準備階段，教師必須多花一些時間在扮演調解人的學生身上，調解人必須遵照下面各項指示：

■ 調解人的角色是要引導討論，協助

彼得斯女士和史密斯先生表達各自的立場，調解人可以適時的提出問題，例如：「接下來發生什麼事？」調解人要確定每個人都有說話的機會，而且不能打斷別人的發言。

■ 調解人的工作並不是要為雙方解決爭執，不要去判斷誰是誰非或決定結果。調解人的任務是要讓雙方找到解決爭議的方法。

■ 調解人要協助雙方做成書面協議，但也明白有時候可能無法達成協議，有沒有達成協議並沒有關係，不要強迫雙方一定要有協議。

◢ 進行活動 ◣

「學習手冊」P. 49～50

活動開始前，從扮演調解人，彼得斯女士及史密斯先生的角色中各選出一位同學組成三人一組，這樣班上會有好幾個三人組成的小團體同時在進行協調的工作。教師可以提供角色人物的「名牌」，讓同學們可以很容易的辨識誰是調解人，誰是彼得斯女士，誰是史密斯先生。

和學生們一起閱讀學習手冊第49頁到第50頁的活動說明，在進行調解時必須按照一定的步驟。如果教師熟悉一般的調解過程，就會發現這個活動中建議的調解程序非常簡略。這個階段的學習活動，並不需要複雜的調解程序。

老師必須為調解會議過程設定時間，確實監督各組在適當時間結束活動。

深入討論

◢ 深入討論 ◣

「學習手冊」P. 50

這個單元幫助學生們整理這一課所學的內容，並評估各組的決定，還能幫助學生們回顧整個活動的過程。請鼓勵大家自由表達是否同意其他組別不同的決定。

思考工具表

公平的回應	
步驟1. 造成的錯誤或傷害是什麼?	孩子們沒有得到允許擅自闖入彼得斯女士的車庫。 火災損壞了彼得斯女士的車庫和所有物。
步驟2. 誰造成這些錯誤或傷害? ■ 他們是故意的嗎? ■ 是不小心的嗎? ■ 他們應該知道不能這麼做嗎? ■ 他們對所做的事感到後悔嗎? ■ 他們有沒有試著解決問題呢?	史密斯家的孩子們:瑪麗(十歲)和湯姆(五歲)。 他們決定到車庫裡看看有什麼東西,他們並不是故意要引起火災。 火災的發生是因為湯姆不小心絆倒瑪麗,瑪麗手中的蠟燭掉下來,落到一堆破布上燒了起來。 瑪麗應該知道未經主人同意就跑到鄰居的車庫裡面是不對的,也應該知道帶湯姆到一個會令他害怕的地方也是錯誤的。瑪麗跑回家拿火柴,湯姆才五歲。 故事裡並沒有說明他們有沒有覺得後悔。 他們試著滅火。他們跑回家打電話叫消防隊協助。
步驟3. 誰受到這些錯誤或傷害? ■ 他也有部分的責任嗎?	鄰居彼得斯女士。 彼得斯女士對孩子們很好,常常邀請孩子們到她家後院玩,給他們餅乾和檸檬汁,這些事實湊在一起,可能會讓孩子們以為隨時都可以到她家的後院玩耍。 她沒有鎖車庫門,把蠟燭放在小朋友可以拿得到的地方
步驟4. 怎麼做才能解決問題? ■ 要求犯錯的人道歉 ■ 幫助他了解為什麼他做的事情是錯的 ■ 讓犯錯的人修補損害 ■ 讓犯錯的人賠償或更換受到損害的部分 ■ 用某種方式懲罰做錯事的人	**可能的回應:** 請他道歉。 幫助他了解所做的事情是錯的。 要求他修補損害。 要求他賠償或更換受損的財物。 用某種方式懲罰他。
步驟5. 還可以考慮什麼其他的做法? ■相較於這個錯誤或傷害,這樣的回應會不會太嚴苛? ■這樣的回應有沒有尊重所有相關的人?	
步驟6. 怎樣才是公平的回應方式?為什麼?	

鄉鎮市調解制度簡介

調解制度	由鄉鎮市調解委員會勸導當事人雙方互相讓步，以終止爭執之一種制度。
調解範圍	一、民事事件。 二、刑事告訴乃論案件。 但已經在第一審法院辯論終結的民、刑事事件，都不能聲請調解。
調解管轄	一、兩造居住在同一鄉鎮市區者，向該鄉鎮市區的調解委員會調解。 二、兩造居住在不同鄉鎮市區者，依下列規定： 　1. 民事事件由他造住、居所、營業所、事務所所在地的調解委員會聲請調解。 　2. 刑事事件由他造住、居所所在地或犯罪地的調解委員會調解。 三、如果經過兩造以及接受聲請的調解委員會同意，無論民、刑都可以由該接受聲請的調解委員會調解，不受前面規定的限制。
調解程序	一、由當事人向該管調解委員會提出聲請。 二、聲請方式： 　1. 書面聲請：當事人向該管調解委員會提出表明調解事由及爭議情形，以及記載其他規定事項的書面，並應按照他造人數提出繕本。 　2. 言詞聲請：當事人向該管調解委員會以口頭陳述要調解的事由及爭議情形，由調解委員會事務人員依規定制作筆錄。
調解效力	一、調解經法院核定後，當事人就該事件不得再行起訴、告訴或自訴。 二、經法院核定的民事調解，與民事確定判決有同一效力；經法院核定的刑事調解，以給付一定數量的金錢或其他代替物或有價證券為標的者，該調解書可以作為執行名義。 三、已繫屬在法院的民事事件，在判決確定前，調解成立，並經法院核定者，視為在調解成立時撤回起訴。刑事事件在偵查中或在第一審法院辯論終結前，調解成立，經法院核定，並經當事人同意撤回時，視為在調解成立時撤回告訴或自訴

NOTES

第六課

Lesson 6

怎樣找出真相才算公平？
怎樣做出決定才算公平？

課程概述

　　學生們要了解用公平的程序蒐集資訊與做決定的重要性，並學習用四個步驟來分析找出真相和做決定的方法是否公平，然後用這樣的觀念來檢驗這一課中的兩個問題。

課程目標

上完這一課後，學生應該能做到下列各事項：
■ 說明用公平的方法蒐集資訊和做決定的重要性。
■ 說明運用四個步驟有助於思考以「公平方式蒐集資訊和做決定的問題」。
■ 運用這四個步驟來分析蒐集資訊和做決定的問題。

課前準備和所需教材

故事本「熊熊家族：認識正義第四章」P. 23～33
學習手冊「第六課：怎樣找出真相才算公平？怎樣做出決定才算公平？」P. 51～62
每位同學兩份「公平的蒐集資訊和做決定的方法」思考工具表。表格原稿在本手冊的附錄中 P. 69。
發給每位同學圖畫紙和蠟筆。

✦ 本課會學到的概念 ✦

「學習手冊」P. 51～52

請學生們先檢視學習手冊第52頁的插圖，並問：「這位警官在做什麼？為什麼她需要蒐集資訊？她可以怎麼做才能確保用來查明真相的方式是公平的？為什麼用公平的方法蒐集資訊很重要？」請大家一起讀第51頁的「本課會學到的概念」。

✦ 本課詞彙 ✦

「學習手冊」P. 52

教師從語境中找出語詞，共同討論並將語詞寫或貼在黑板上，引導學生自行先作詞語的解釋，教師再予以整理歸納後，鼓勵學生口頭造句，評估學生對該語詞的了解程度
● 隱私：獨處或保有秘密。
● 尊重：以適度的禮貌對待某人。

✦ 重要觀念 ✦

「學習手冊」P. 52～54

請學生們讀第53頁上半段的例子，然後回答這個問題：「你想找出哪些事情的真相？」

請學生們和大家分享平常蒐集資訊的方式，並評估這些程序是否公平。

請學生們讀第53頁下半段的例子，然後回答這個問題：「你做過什麼決定？」

請學生們分享平常用來做決定的方式，並評估這些程序是否公平。

請學生們說明為什麼用公平的方法找出真相和做決定很重要，做為這一部分活動的結論。

✦ 閱讀、複習和討論 ✦

「熊熊家族：認識正義」
故事本P. 23～33
「學習手冊」P. 55～56

<熊熊家族：認識正義>的故事

第四章要介紹用公平的方式找出真相或做決定的觀念，這稱為程序正義。程序正義有三項主要目標：
■ 蒐集足夠的資訊，增加做出明智公平決定的的機會。
■ 確保在做決定的過程中明智和公正的使用資訊。
■ 保護隱私權、人性尊嚴、自由權和其他重要的權利和價值。

用公平的方法找出真相，包含了基本的憲法原則，即當事人有權請求傳喚對自己有利的證人，以及交叉詢問（或詰問）作對自己不利證言的的證人。（以上是美國憲法權利法案所明定）同時還包含不能用強暴脅迫的手段蒐集資訊。

用公平的方式做決定包括的基本原則有：會受到這個決定影響的人有權在決定的過程中表達意見，參與者應可預先知道程序如進行，而且程序本身必須要以公正不偏頗的方式進行。公平的程序能使決定更加正當、增進大家服從的意願，並促進對權威的尊重。

把故事第四章的內容大綱告訴學生，並讓大家看一些故事插圖。教師可以自己唸故事的內容給學生聽，也可以請學生輪流朗讀。

> 閱讀＜熊熊家族＞故事本第27頁的討論重點

請學生回答學習手冊第55頁的問題。以下是一些可能的回應。

這裡的討論應該能幫助學生了解向所有可能知道某個特定事件的人，蒐集資訊的重要性。我們必須發掘事實才能做出明智而公平的決定。

學生應該了解下列各事項：

- 在沒有充分的證據可以證明之前，不能指控某個人犯錯是有必要的。
- 允許一個人為自己說話，或是請別人代表他說話是很重要的。
- 用公平的方式蒐集資訊是必要的。

■ **廚師想找出的真相是什麼？**

貝貝和蒂蒂在學校的餐廳幫忙廚師烘烤餅乾，餅乾烤好拿出來放涼後，廚師發現餅乾少了好幾塊，廚師想要找出是誰拿走了餅乾。

■ **廚師用了什麼方法找出事情的真相？**

一開始廚師很生氣，他懷疑是貝貝和蒂蒂拿走了那些餅乾，在貝貝和蒂蒂聲明自己是無辜的之後，廚師不知道該怎麼做才能找出拿走了餅乾的人。在討論重點中，廚師問：「要用什麼合理的方法找出是誰拿走了餅乾呢？」，請同學們建議在這個狀況下有哪些公平的方式查明真相，可能的建議包括詢問蒂蒂是否知道些什麼是很重要的，因為她和貝貝一起在廚房裡工作，反之亦然。對貝貝也是一樣。

有些同學可能會認為蒂蒂和貝貝不是可靠的證人，因為他們是好朋友。

■ **廚師的做法公平嗎？為什麼？**

請大家讀到故事本第29頁餅乾的情節為止，廚師的第一個反應很可能不公平，他懷疑誰拿走餅乾的理由是因為貝貝愛吃餅乾，而且當餅乾出爐的時候，貝貝一直在旁邊聞香。接下來廚師決定問蒂蒂有沒有看見發生了什麼事情？蒂蒂的回答是他一直都和貝貝在一起，於是廚師決定進行一些調查，他去詢問幾位在走廊的學生，才發現原來窗戶大開。廚師和蒂蒂發現是藍嘴鳥小傑偷走餅乾，他向貝貝和蒂蒂道歉，並多給他們一人一塊餅乾表示歉意，因為剛才對他們大吼大叫。廚師後來用來查明事實

真相的程序是公平的。

閱讀＜熊熊家族＞故事本第30頁的討論重點

請學生回答學習手冊第56頁的問題，以下是一些可能的回應。

這裡的討論可以幫助學生了解一個原則：會受到某個決定影響的人，有權利對這個決定表達意見才公平，實際的做法可能包括讓他們對決策者表達意見，或是參與做決定的過程，例如投票或達成共識。

這個原則背後的理念是：這樣的參與對人性尊嚴的信賴和實際考量都是必要的，相較於未經商量就告知決定的人們，有參與做決定過程的人有比較高的意願遵守決定。

■ **老師想要做什麼決定？**

貝貝和蒂蒂回到教室，老師告訴同學們要選出一位班長。好幾位同學表示想當班長，老師想用公平的方式決定誰來當班長。

■ **老師用了什麼方式來做決定？**

小倫說他想當班長，如果老師答應小倫的要求，就不是用公平的方式做決定。討論重點在老師問：「我們要怎麼做才能公平選出班長？」請學生就這個情況提出公平做決定的方法。

學生提出的建議可能包括老師可以聽聽大家的意見並斟酌自己的想法來決定選舉的方式；或是允許每位同學在會議中提出建議，然後大家投票決定選舉的方式。這兩種方式都表彰了人性尊嚴、實踐受影響的人有權利參與決定的原則，並使這個決定有合法的存在地位。

閱讀＜熊熊家族＞故事本第32頁的討論重點

■ **老師的方式公平嗎？為什麼？**

教師決定同意讓同學們進行班級選舉，她把想要擔任班長候選人的名字寫下來，再問一次還有沒有人想當班長。接著請每位候選人上台發表，告訴大家為什麼他會是個好班長，再由全班同學投票。美美得到最高票。這個選班長的過程很公平，因為每個人都有機會參與。大家都知道這個程序並且每個人都見證整個過程。

✪ 重要觀念 ✪
「學習手冊」P. 57

請學生讀這一部分的課文，課文中介紹四個步驟能幫助大家分析狀況，並決定這樣的程序是否公平。這裡討論的四個步驟也出現在「解決問題」活動中會用到的思考工具表格裡，表格中還包含了第五個步驟，幫助大家決定要怎麼做才能讓程序公平。

批判性思考

在這個活動中，學生要運用所學在兩個虛擬的情境中用公平的方式尋找真相和做公平的決定。學習手冊中的兩個故事分別是「破窗」和「選班長」。

把學生分成兩人一組，發給每個人兩份「公平的蒐集資訊和做決定的方法」思考工具表影本，表格原稿在本手冊附錄中。讓學生在表格上記錄他們的回應，在開始活動前，請學生複習各項指示和表格上的各個問題。可以和全班一起先進行第一個故事，讓大家直接說出自己的答案，然後再和同組的夥伴進行第二個故事。

學生完成後，和全班一起分享看法。本冊第59頁和第60頁是一些學生可能的回應。

運用和技巧評估

展示學習成果

「學習手冊」P. 61～62

在這個練習，學生要運用學到關於用公平方式查明真相和做決定的知識來畫一張圖畫，練習中有兩個場景，請同學選擇其中之一做為繪畫的主題。把圖畫紙和蠟筆發給全班同學，同時帶領大家複習進行活動的各項指示。

完成圖畫之後，請學生和全班分享，並告訴大家他們是如何解決問題的。

延伸學習

課後活動

「學習手冊」P. 62

學習手冊第62頁建議的活動，將學習延伸運用到課堂之外，你可以請學生完成其中一項或兩項活動，然後和全班分享成果。

思考工具表

公平的蒐集資訊和做決定的方法	
1. 想找出什麼真相？做什麼決定？	在「破窗」的故事中，瓊斯太太想要知道誰該為打破窗戶負責任。
2. 找出真相的方式公不公平？ ■有沒有找出所需要的資訊，再做出公平的決定？	一開始瓊斯太太並沒有蒐集到足夠的資訊，她想強迫小男孩承認是他打破窗戶，事實上，那個孩子並沒有做這件事。瓊斯太太也沒有去探查更多的資訊來源，好讓她能得到想要知道的訊息。當薩爾主動說明身分，鄰居也為小男孩出面作證之後，狀況才變得公平。瓊斯太太用棒球當成證據算是公平的。
■我們能相信所找到的資訊就是真相嗎？	因為小男孩們給的資訊和鄰居的證詞一致，我們可以相信這個資訊是真實的。
■ 有沒有偏袒任何一方？	一開始瓊斯太太對她懷疑是打破窗戶的小男孩存有敵意，最後她允許孩子們自由發言為彼此辯護，並讓鄰居說明看見的狀況。
3. 用來做決定的方式公平嗎？ ■是不是每個人都有機會把自己的想法說清楚？ ■做決定的人有偏心不公平的情形？	這個問題不適用在這個故事裡。
4. 哪些事情是我們應該考慮的？ ■有沒有侵犯到別人的隱私？如果有，有沒有充分的理由？	一開始被瓊斯太太懷疑的男孩子，他的隱私受到侵犯。因為瓊斯太太沒有適當的理由就翻他的口袋。瓊斯太太大可以問男孩叫什麼名字，並詢問其他孩子做確認。
■有沒有發生對人不尊重的情形？	一開始，瓊斯太太並不尊重小孩子們的尊嚴，最後，她對他們表示尊重，並向他們道歉。
4. 怎麼做可以讓事情公平？	接受任何合理的答案。這裡的想法是要幫助學生們了解一項基本的憲法原則：為自己舉證和交叉詢問對方的證人是必須受到保護的人權。

思考工具表

公平的蒐集資訊和做決定的方法	
1. 想找出什麼真相？做什麼決定？	在「班長」的故事中，譚雅是班長，同學們要決定一項班級年度計畫。
2. 找出真相的方式公不公平？	
■有沒有找出所需要的資訊，再做出公平的決定？	大家並沒有蒐集做公平決定所有必要的資訊，因為譚雅不讓班上同學自由的發表對班級年度計畫的想法。
■我們能相信所找到的資訊就是真相嗎？	
■有沒有偏袒任何一方？	譚雅偏袒她的好朋友瑪麗。
3. 用來做決定的方式公平嗎？	
■是不是每個人都有機會把自己的想法說清楚？	一開始，譚雅告訴全班同學每個人都（必須）可以對班級年度計畫發表意見，並投票表決最喜歡的一項。但在實際開會時，她並沒有遵守同學們期待的程序，她只讓黑頭髮的同學提建議，違反了我們在先前課程中學到的公平分配的原則。艾爾的例子也與憲法上所規定**得要求律師協助的權利**有關，也就是如果一個人因為某種正當理由而無法為自己陳述意見時，應可委由第三人代表自己來發言。（這是由美國憲法第六修正案所衍生出來的概念，而已成為所謂「**正當法律程序**」的一項重要內涵。）譚雅不讓任何不同意她的做法的人發言，也是不尊重人權。艾爾需要有人幫助他表達想法，但是譚雅不准璜替他說話，這種做法剝奪了艾爾參與程序的權利，也違背了受決定影響的人有權利參與做決定的過程並表達意見的原則。
■做決定的人有偏心不公平的情形？	最後譚雅讓他的好朋友瑪麗為全班做決定。決定者必須公正不阿，譚雅偏袒瑪麗扭曲了衡量各項資訊的目標，並且否決了其他同學的意見有權利得到平等的考慮和在最後決定之前表達意見的權利。譚雅讓全班投票的用意只是要為瑪麗的提議背書，這些程序的基本影響是在會受到決定影響的人眼中減低這個決定的合法性，並且對具備權威職位的人失去尊敬。
4. 還有沒有其他應該想到的做法？	
■有沒有侵犯到別人的隱私？如果有，有沒有充分的理由？	在這個故事中看不出來有誰的隱私受到侵犯。
■有沒有對人不尊重的情形發生？	這個程序沒有尊重其他學生的尊嚴，譚雅違背了「會受到決定影響的人有權利在做決定時表達意見」的原則。同學們可能會認為譚雅所做的逾越了班長的權限，擔任這一類的職位的人應該要負責尋求所有成員的利益而不是自己狹隘自利的好處。
5. 怎麼做可以讓事情公平？	接受所有合理（可能的）回應，讓同學們更了解上述各項討論相關的各項基本原則。

Lesson 7

如何以公平的方式找出真相？
如何以公平的方式做出決定？

課程概述

這一課是全班參與的活動，讓大家練習分析一個「用公平方法蒐集資訊並做決定」的問題。在「牛奶錢不見了！」故事裡面，兩位同學被指控從老師的抽屜裡把錢拿走，讓學生以小組的方式來提出用公平程序蒐集資訊和做決定的建議。

課程目標

上完這一課後，學生應該能做到下列各事項：

■ 運用四個步驟（即思考工具）來分析有關用公平的方法蒐集資訊和做決定的問題。

■ 評估一個有關用公平方式蒐集資訊和做決定的方法，採取立場，並為這個立場辯護。

■ 說明這四個步驟對用公平方式找出真相和做決定的作用。

課前準備和所需教材

學習手冊「第七課：如何用公平的方式找出真相？如何用公平方式做出決定？」P. 63～68

「公平的蒐集資訊和做決定的方法」思考工具表影本，原稿在本手冊的附錄中P. 69。

海報紙和彩色筆

課程介紹

◎ 本課會學到的概念 ◎

「學習手冊」P. 63

向學生說明在這一課中，大家要運用先前學到關於用公平方式蒐集資訊和做決定的概念，來解決一個問題。學生要以小組方式，共同分析問題並提出解決方案，然後舉行班級會議來決定哪一組的解決方案最合適。

請學生先讀學習手冊第63頁「本課會學到的概念」。

◎ 參與班級活動 ◎

「學習手冊」P. 64～67

請學生先閱讀第64頁故事開始前的介紹，然後接著讀同一頁「牛奶錢不見了！」故事的第一段，在討論故事中所提出的狀況之後，發給每位同學一份「公平的蒐集資訊和做決定的方法」思考工具表，表格原稿在本手冊的附錄中。表格上的問題是根據第六課學到的用提問的方式來檢驗是否「以公平方式找出真相和做決定」的問題。這些問題能幫助學生分析故事中發生的難題。

◎ 活動準備 ◎

「學習手冊」P. 67～68

把全班學生分成每組三人或五人的小組，各組成員一起完成這個「公平的蒐集資訊和做決定的方法」表格。和學生一起讀這個部分的說明，在各組完成對故事的分析之後，應該能製作一個表，以公平的方式找出是誰把錢拿走的，以及決定誰有責任。

發給每一組海報紙和彩色筆，請學生把完成的作品和全班同學分享。

◎ 進行活動 ◎

「學習手冊」P. 68

和學生一起讀學習手冊第68頁活動的說明，請班長開始召開班級會議，每一個小組都要有機會對全班表達想法。老師要先規定各組發表的時間，然後由其他各組向報告組提問。

在各組都報告完畢之後，全班要選出一項大家認為最好的方法做為這個班級的結論，老師可能需要帶領同學在這件事上達成共識。

深入討論

❞ 深度討論 ❞

「學習手冊」P. 68

　　深入討論中的問題是要聽取學生的報告，幫助他們評估每一組的決定，並回顧整個活動的過程。鼓勵學生自由發言，是否同意各組的決定。

思考工具表

公平的蒐集資訊和做決定的方法	
1. 想找出什麼真相？做什麼決定？	是誰拿走了牛奶錢？ 該如何對待拿走牛奶錢的人？
2. 找出真相的方式公不公平?	不公平。
■有沒有找出所需要的資訊，再做出公平的決定？	查克懷疑珍，因為珍總是愛亂說話，又常常引起衝突。 麗塔說珍和瑪拉下課都黏在一起，躲在大樓後面或禮堂裡面。 傑克想起來下課時他沒有看到珍或瑪拉。傑克用粗魯又帶著指控的態度質問這兩個女孩。 傑克不願意和雷說話，雷可能知道下課時間珍和瑪拉在哪裡。
■我們能信任所找到的資訊就是真相嗎？	在這裡蒐集資訊的方式，不能令人信服，反而變成傑克和珍之間的衝突。
■有沒有偏袒任何一方？	同學們似乎對珍和瑪拉都有偏見。
3. 用來做決定的方式公平嗎？	
■是不是每個人都有機會把自己的想法說清楚？	導護老師沒有給他們機會辯駁就懲罰這兩個女孩。
■做決定的人有偏心不公平的情形？	導護老師看見珍和傑克衝突的最後一段，加上珍和瑪拉以前的行為表現，老師決定給予懲罰。
4. 哪些事情是我們應該考慮的？	
■有沒有侵犯到別人的隱私？如果有，有沒有充分的理由？	在這個故事中看不出來有誰的隱私受到侵犯。
■有沒有發生對人不尊重的情形？	同學們和導護老師都沒有尊重珍和瑪拉。
5. 怎麼做可以讓事情公平？	

公平分配	
正在考慮什麼事？	
要考慮哪些人？	
他們在下列各事項中，有哪些相同和差異的地方？ ■需要 ■能力 ■應得與否	
你如何解決這個問題？為什麼？	

公平的回應（上）	
步驟1. 造成的錯誤或傷害是什麼？	
步驟2. 誰造成這些錯誤或傷害？ ■他們是故意的嗎？ ■是不小心的嗎？ ■他們應該知道不能這麼做嗎？ ■他們以前做過相同的事嗎？ ■他們對所做的事感到後悔嗎？ ■他們有沒有試著解決問題呢？	
步驟3. 誰受到這些錯誤或傷害？ ■ 他也有部分的責任嗎？	

附錄二：思考工具表

公平的回應（下）	
步驟4.怎麼做才能解決問題？ ■ 要求犯錯的人道歉 ■幫助他了解為什麼他做的事情是錯的 ■ 讓犯錯的人修補損害 ■讓犯錯的人賠償或更換受到損害的部份 ■ 用某種方式懲罰做錯事的人	
步驟5. 還可以考慮什麼其他的做法？ ■相較於這個錯誤或傷害，這樣的回應會不會太嚴苛？ ■這樣的回應有沒有尊重所有相關的人？	
步驟6. 怎樣才是公平的回應方式？為什麼？	

公平的蒐集資訊和做決定的方法	
步驟1. 想找出什麼真相？做什麼決定？	
步驟2. 找出真相的方式公不公平？ ■有沒有找出所需要的資訊，再做出公平的決定？ ■我們能相信所找到的資訊就是真相嗎？ ■有沒有偏袒任何一方？	
步驟3. 用來做決定的方式公平嗎？ ■是不是每個人都有機會把自己的想法說清楚？ ■做決定的人有偏心不公平的情形？	
步驟4. 還有沒有其他應該想到的做法？ ■有沒有侵犯到別人的隱私？如果有，有沒有充分的理由? ■有沒有對人不尊重的情形發生？	
步驟5. 怎麼做可以讓事情公平？	

學習思辨的智慧
散播正義的種子
推展法治教育向下扎根

我們的孩子是否能在班上和同學討論問題、
制定共同的規則？
未來是否也能在團體中和同伴理性互動，
凝聚共識？
在重視人權的年代，能否尊重自己、也尊重別人？
是否學會在個人利益和公共利益間找尋平衡點？
能否體認在家庭、學校及社會的責任？
未來是否能善盡社會責任，成為社會的好公民？
公平正義是否已在孩子們心中萌芽滋長？
我們的社會是否能藉由教育，
而成為講公平、求正義的公義社會！

民主基礎系列叢書

兒童版（適用幼稚園～國小低、中年級學生）
標準本 （22.5～29.7cm）

兒童版（適合教師教學與家長說故事使用）
大開本 （29.3～38.2cm）

捐款專戶

銀行轉帳

戶名：財團法人民間公民與法治教育基金會
銀行：玉山銀行 城東分行（銀行代號：808）
帳號：0048-940-000722（共12碼）

郵政劃撥

戶名：財團法人民間公民與法治教育基金會
帳號：50219173

地址:台北市松江路100巷4號5樓
電話：（02）2521-4258
傳真：（02）2521-4245
更多資訊請見法治教育資訊網：http:// www.lre.org.tw
Email：civic@lre.org.tw

少年版（適用國內5～9年級）

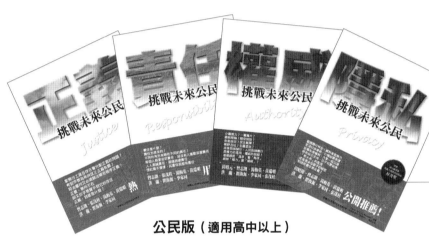

公民版（適用高中以上）

民主基礎系列叢書

老師，你也可以這樣做！

當教育碰上法律

本書是國內第一本從法律與教育專業的角度來探討校園問題的專書，兼顧教育目的、法律理念與校園實務，嘗試化解校園中日益嚴重的緊張關係，並積極營造良好的學習環境，以培養現代法治社會的優良公民。這是關心台灣法治教育的你，絕不容錯過的一本好書。

五南圖書出版股份有限公司

電話：（02）2705-5066
傳真：（02）2706-6100
地址：台北市大安區和平東路二段339號4樓

公民行動 的學習與開始

學生手冊

教師手冊

公民行動方案
Project Citizen I

學生手冊・定價120元
教師手冊・定價130元

民間公民與法治教育基金會/主編・**五南**/出版

　　這是一套從小即開始培養孩子關心週遭社區的問題、訓練溝通技巧、與擬訂行動計畫的公民參與能力，使其在多元化的社會，能針對公共議題審議，進而形成共識與分工，完成社會的改進的教材。學生透過課程的訓練培養成為會議領導者、意見統整者、議題建構者、計畫執行者等等。

　　教材中提出了幾個重要的步驟，讓有心學習公民行動技能者，或是想要培養社會科學研究能力者能有所依循：而決定行動方案的公共議題，可以是班級性、全校性、社區性、甚至全國性、全球性的問題。從行動實踐的角度來看，也可以先從自己的生活周遭來關懷起，如班級的整潔、秩序、霸凌、考試作弊，或如社區的污染、交通秩序、衛生、美化等。過程中，學生必須先研究所關心的公共議題，分析其成因和現況，掌握解決問題的職掌和相關資源所在；再來學生必須檢討出可行的改進策略，決定將採取何種策略。最後，將其所決定之策略，轉化成實際的計畫與行動。

五南圖書出版股份有限公司

電話：（02）2705-5066
傳真：（02）2706-6100
地址：台北市大安區和平東路二段339號4樓